AF368050

# Genre Gothique.

# DU

# GENRE GOTHIQUE,

## AVEC COMPARAISONS AU GENRE PAYEN,

## DES ANCIENS TEMPLES.

### APERÇUS SUR L'ÉGLISE DE LA MADELEINE,

### EXPOSITION D'UNE IDÉE SUBSÉQUENTE.

> « Aux mains amoureuses du chrétien la ma-
> tière se transubtentie et passe presque à l'é-
> tat d'esprit. » (C. ROBERT ; *Essai d'une Phi-
> losophie de l'Art*, II, § 10.)

(VICTOR DE **MAUD'HUY**.)

—◦◦◦◦—

**PARIS.**

DEBÉCOURT, RUE DES SAINTS-PÈRES, 64.
JULES LABITTE, QUAI VOLTAIRE, 3.
1842.

« Il faut se taire en tout genre quand on n'a rien de
» nouveau à dire. » (Voltaire.) C'est au lecteur à nous
apprendre, si nous avons bien fait de nous occuper
d'un sujet sur lequel on s'est déjà exercé.

On revient un peu maintenant, des préventions lé-
gèrement conçues contre le genre gothique des anciens
Temples. A tout il y a une fin ; pour tous un commencement de la fin, où plus de clartés apparaissent :
heureux ceux qui savent les attendre! et de ce qui
existe respecter la durée. L'avenir vit de préalables ; il
y a obligation à tous de n'en point saper les fondemens.

Nous connaissons le désobligeant déversé sur ce genre, à toute occasion : dans des ouvrages sérieux , dans un de ceux traitant des successives productions des célèbres architectes (Quatremère de Quincy). Le mérite des hommes qui en ont parlé défavorablement, les grands noms ne nous en imposent pas ; sachant très bien que, génie même sous certains rapports, on peut n'être rien moins que cela sous d'autres.

Nous concevons que, de nos jours, on rejette le style gothique du civil ; mais au religieux, nous ne le concevons pas ; sauf qu'on ne veuille plus du christianisme de nos pères.

Les premiers aperçus , certains des paragraphes de cette composition , nous sont venus dans les grands bois de la forêt de Fontainebleau, en 1836. Nos assiduités ultérieures à l'église de Saint-Roch, à celle fort remarquable, mais d'un style décoratif bâtard, de Saint-Eustache de Paris, ont provoqué en nous tant d'impressions et de souvenirs , que le reste s'en est suivi dans le temps.

En février 1842 nous y avons mis la dernière main. Nous proposant de convenablement transmettre ce qu'il nous est parvenu de plus digne d'attention du monumental, et de plus perceptible à l'âme et au sens de la pompe et de l'expression du service religieux ; dernier, dont toute autre partie du solennel ne pouvait que nous retenir dans un respectueux silence. L'un et l'autre ayant eu un développement parallèle en Occident, dont la séparation n'est venue que par suite de l'altération de la ferveur religieuse; altération sensiblement croissante, à laquelle la suite des temps prépare une fin, en même temps que l'éclatant triomphe du principe de la croyance.

Pour rendre au gothique sa véritable expression, nous avons dû établir quelques rapprochemens entre ce dernier et le genre payen monumental et religieux. Nous en étant acquittés avec impartialité, nous avons lieu de croire qu'on ne désavouera pas notre hardiesse.

Depuis, ayant été admis avec le public à visiter l'église de la Madeleine, nous n'avons pu nous défendre d'une opinion particulière à son sujet ; il nous a semblé raisonnable d'en faire part. Ce qui vient ensuite, qui a ici son opportunité, est rapporté pour satisfaire à ce que promet encore le titre, et pour compléter un ensemble de fraternelles considérations.

Au sujet de cette dernière partie, empruntant les paroles d'un observateur de notre nature, nous ajouterons pour ceux de nos lecteurs qui se diront peut-être, « j'a- »vais déjà pensé ce que je viens de lire. Qu'il nous »soit permis de répondre : pensons-y encore, pensons- »y toujours. » Les inductions et les faits ici rapportés, ayant encore plus spécialement trait, que dans les autres parties de l'ouvrage, au pur esprit religieux dont l'édifice à lui consacré doit, au moins intérieurement, refléter le caractère ou réveiller les tendances.

# Genre Gothique.

# Du genre gothique

## DES ANCIENS TEMPLES.

---

« La vie et le mouvement qui l'avaient animé
» semblaient avoir passé dans mon cœur. »
De Marchangy: *Tristan le voyageur*, ch. XL.

## I.

Si, dans toute l'aimable fraîcheur de ses
premières années d'existence, la pierre à
peine délaissée par le ciseau de l'artiste,
un de ces grandioses monumens d'un autre âge, et d'une foi dans l'ardente naïveté
de sa mâle puissance, apparaissait ino-
pinément dans Paris même ; les regards

ne se lasseraient point d'en admirer la merveille. Et avec d'autant plus d'instance que l'on pénétrerait plus avant dans la conception de l'ensemble, dans les rapports de l'extérieur avec le sanctuaire ; dans la pensée régulatrice si diversifiée de manifestations, par les apparences des parties. Pensée ayant dans l'intérieur un reflet unique de sévérité et de grandeur, dont le pur esprit évangélique peut révéler le sens; lui qui n'a encore trouvé que dans le gothique sa matérielle expression.

Temples gothiques où tout est subordonné à l'expression d'un sentiment intime, arrêté et distinct ; dans le style architectural desquels dominent généralement les formes ascendantes, et, ce qui mérite attention, celles curvilignes concurremment à celles anguleuses. Puis, des ouvertures allongées, des contours se terminant en forme de fer de lance, en ogives avec leurs riches meneaux ; une variété bien entendue de parties avancées, diverses et en rivalité d'effet ; dont il en est au dehors de matérielles, supérieurement rayonnantes, pyramidalement en hauteur, comme les jets lumineux de l'astre du jour s'abaissant vers notre Terre. Symboles régénérés de soupirs et de vœux en ascension vers l'Éternel, qui concourrent à la merveilleuse apparence de l'ensemble.

Et au portail, au pourtour extérieur, où concurremment avec des statues et effigies des saints, se trouvent de symboliques représentations des êtres en exercice de leurs intelligences, de ceux obéissant à leurs purs instincts ; des figurations des agents et puissances de la nature, quelquefois même des demi-zodiaques ; la recherche de légèreté dans un décor fréquemment prodigieux, par son étendue et son ingénieuse complication ; suffisamment pour contraster avec l'apparente lourdeur de l'édifice vu à distance.

Tout ce qui intéresse, ou est de nature

à captiver sous la voûte des cieux, semble ici réuni pour tester de l'immensité indéfinissable des œuvres de la création ; pour donner un avant-goût des mystères du culte ; et réfréner les légèretés de l'esprit, préalablement à l'entrée dans le temple, fréquemment masqué par la proximité des habitations ; dernières dominées par les hauteurs de l'édifice, lequel bornait à cette unique fin le modeste avantage de sa localité.

Ce style, conception hardie du moyen âge, ne s'est pour ainsi dire enrichi d'aucun emprunt aux formes classiques, géométriques et pures des temples payens ; probablement repoussées par antipathie de principes. Formes élégantes et de hautes apparences, mais mondaines et théâtrales, en appelant aux idées familières de grandeur pour s'emparer de nous-mêmes ; empressées de captiver extérieurement les regards, ainsi qu'il en est, en tout climat et en tout pays, de la recherche et de l'inaccoutumé ; sensiblement

encore, des femmes apprêtées pour les représentations du grand monde ; pour
éveiller des émotions.

Regards, dont l'esprit fraternisant avec
l'impérieux amour-propre et dès lors as-
servissant tout en nous, peut avoir lieu
de s'émerveiller ; mais qui seraient de
glace aux cœurs affranchis de la dépen-
dance de l'opinion, si les savantes et chau-
des créations de la sculpture n'animaient
ces monumens , ne leur imprimaient la
vie.

Formes et accessoires inspirés aux Grecs,
vivant dans l'ignorance de ce qu'il y a en
nous de supérieur en aptitude et en destinée, à la découverte de quoi l'humanité
préludait pour lors laborieusement ; ou
encore dans l'ignorance des vérités révé-
lées, lesquelles réservent aux justes fidèles une réhabilitation glorieuse dans les
cieux ; inspirés par leurs prédilections
instinctives pour les beautés sensibles et
terrestres, subordonnément à leurs mul-

tiples et matérielles croyances, à celles
de leur inflexible destin.

Aussi expressif qu'animé, gouverné par
la foi précise et exigeante du chrétien,
complètement harmonieux dans la subordination de ses parties, le genre gothique
de nos anciens Temples semble avoir eu
pour suprême régulateur, les élans iné-
gaux et fiévreux d'âmes ardentes, en proie
au ravissement; ceux d'un zèle purifié
dans le sanctuaire impénétrable de cons-
ciences ... liées, portant vers les cieux avec
émulation et persévérance.

Dans l'intérieur de ces Temples, comme
en certains lieux forestiers où notre imagination est restée long-temps captive, l'espace est emprisonné et envahi latéralement, par les simples, ou doubles, ou tri-
ples rangs des hauts piliers des bas côtés
adjacents à la nef, se prolongeant au pourtour du chœur. La clarté, émanée des vitraux, est restreinte et subdivisée, progressivement ... affaiblie et sans

éclat, par les nombreux obstacles que sa dissémination rencontre ; par suite de ses multiples réflexions sur des plans inclinés et en regard, des déclivités entre elles en opposition de tant de courbures et des parties en saillie, des cintres et des ombres de celles hautement concaves, ou surbaissées par leur décorative architecture.

Les obscurités qui en résultent, contrastent avec les pompes de la Terre, s'harmonient avec la gravité des sentimens religieux; disposent au recueillement, qui nous rend à nous-mêmes, et de nos facultés vers une portée plus haute ralient avec calme toute la puissance. Pour ne l'avoir pas éprouvé, dans le cours d'une moyenne durée de la vie, il faut s'être refusé aux occasions si douces, qui sont de nature à nous grandir à ce point. (1)

(1) « Les premiers chrétiens choisissaient surtout le silence « des ombres pour accomplir les cérémonies de leur culte. » CHATEAUBRIANT: *les Martyrs*, liv. XIV.

Convenant au sérieux des révélations de la conscience, aux mémorieux efforts; à l'aide des convictions de l'esprit et des décoratifs accessoires, aux heures où du sanctuaire le pontife est absent, elles favorisent les lancinantes émotions de l'âme; elles provoquent universellement les tardives ou douloureuses compoctions du pécheur. Les heures silencieuses du soir, où pour ainsi dire solitaire dans le temple, sont de toutes celles les plus favorables à l'émission de nos voix secrètes et intérieures; peu importe les spécialités de nos personnelles croyances.

## II.

Impérieusement influencé par un uni-
forme reflet de précision et de grandeur
sévère, par la richesse et l'éclat du matériel des parties nécessaires au ministère
sacré; l'esprit audacieux est ici retenu,
le cœur timide, l'âme asservie. Notamment asservie, par la pensée que Dieu a
dans le sanctuaire son tabernacle; que
sur l'autel sainte, où expression de la vive

ardeur brûlent des flambeaux, l'infini miséricordieux est rendu présent, à l'aide de l'instante, de la pieuse et ardente ferveur du pontif. Ferveur, partagée par un concours respectable de fidèles, primitivement dans l'attente, recueillis et en participation unanime de l'auguste ministère, de charité et d'amour.

Au milieu d'un grave et fréquemment pompeux cérémonial ; accompagné de chants, ayant quelquefois une métrique mais imposante lenteur, dont l'onctueuse mélodie est habituellement sobre, autant que les paroles sont précises, réservées comme celles des discours du sage. Tout et parties dont les effets subordonnés en atteint un simultané et sublime ; vif et pénétrant dans les grandes solennités, et persévérant au cœur de l'homme même peu favorablement prévenu, mais équitable et sensible. Tant il y a de haut sens, d'entente en toutes choses ; de progressifs développemens pour atteindre le but projeté, en même temps le plus

grand et le plus digne effet de l'ensemble.

Chants précédés ou suivis d'une psal-
modie mesurée et gutturale, qui trouve
de l'espace dans les hauts de l'édifice,
d'où elle revient chaude de ton aux fidèles. Eux-mêmes repris et fortifiés par les
rhythmes musicaux de l'instrument religieux et décoratif de nos cathédrales,
bruyamment ou modérément en exercice,
mais toujours passionnés et envahissants
d'exécution ; aux résonnantes vibrations
tourbillonnantes haut et bas.

Rhythmes musicaux, assortis aux émotions des âmes ferventes ou pieuses, fé-
briles comme les quiétudes ou les ardeurs
du sentiment, vagues encore comme les
dolents émois du cœur ; aussi chauds
d'expression que nos enthousiasmes et in-
sondables pressentimens d'immortalité ,
aussi cuisants que les voix criardes de nos
misères ou que celles de nos terreurs ;
repris par les roulemens flûtés et harmoniques, joyeux ou gémissants, les batte-

ries et les tonnerres dominateurs de l'orgue;
par ceux encore des cloches méthodique-
ment mises en branle.

Par intonations pleines et véhémentes,
ainsi lancées de toute part et en chœur :

> . . . entretenant commerce avec les cieux,
> L'orgue divin exhale un son religieux,
> Et de sa voix sonore, à nos voix réunie,
> Verse dans le saint lieu des torrents d'harmonie. (1)

Tout de notre être en est ému! jusqu'à
nos entrailles; à l'extérieur du temple
l'air propage à proximité le résonnement
de son harmonieux mode. Agitation pro-
pagée sous les vastes et hauts combles,
répartis symétriquement dans l'ensemble
de l'édifice, spacieux même latéralement,
et si industrieusement en hauteur que son
hardi grandiose en est admirable; tellement qu'il semble y avoir porté vers les

(1) J. DELILLE; *Les trois règnes de la Nature*, ch. 2.

cieux, des dômes en même temps que des voix et de l'encens!

Tout en nous est frémissant, de l'auguste solennité et incomparable grandeur souveraine de ses accessoires; au point de nous en imposer par un saisissement durable, celui d'une surprise dont le trouble passager est général; dans lequel, enfin, on se complaît! Visitez, au temps des offices, à Paris même l'église Saint-Eustache, justement renommée pour son beau chant grégorien; toute contradiction sera pour lors impossible.

Les facultés de notre âme, intelligence et sensibilité; les puissances de notre organisation, conservatrices des fonctions internes et externes, sont toutes subjuguées; les tyranniques aberrations de notre esprit sont paralysées. De l'assistance de la prière faite avec recueillement, de son irrésistible ascendant pratiqué en commun, on obtient les secourables offices : le succès est assuré, là où il y a élévation, ampleur de sentiment, besoin d'assistance ; là où il y a des cœurs !

Passager nous dira-t-on : et qui ne l'est pas sur cette Terre, en l'absence de convictions préalables et réfléchies, en celles des entraînantes clartés du sens intime, lesquelles désavouent ou réfrènent la suffisance ou les témérités de l'orgueil !

La domination est complète, le triomphe est mérité ; il en reste des souvenirs, levains de futures et intelligentes expansions, de ce qui a été supérieurement départi à notre être ; fécondes en émotions successives se suffisant à elles-mêmes, se fortifiant des excitations de leurs propres ardeurs en vue de l'objet de leur fin, restant sans prise aux hardiesses et aux dissipations de l'esprit ; le tout dans les ombreux replis de notre sein, sanctuaires où l'esprit divin a seul accès, y grandissant comme les lys sous les influences de l'air, de la rosée du matin, des feux du jour qui en parfument les corolles et en épurent la blancheur.

Ainsi il en est, des vifs ébranlemens de notre âme, qui n'ont pas été de ces purs étourdissemens, moralement stériles par le fait de notre nature.

> Celui que le hasard conduit à ces spectacles,
> Qui s'égara toujours loin des saints tabernacles,
> Respirant de ces lieux l'auguste majesté,
> De transports inconnus sent son cœur agité.

Vers dus à la fraîche et gracieuse imagination d'un sujet d'espérance, dont les allures aventureuses et tourmentées de son temps, ont imposé des sévérités à ses opinions; des sévérités à ses jeunes et studieuses années, les ont arrêtées dans leur suite, dans leur généreux essor; avant entier développement de puissance (1).

Les sanctuaires des temples païens, chacun d'eux consacré à une divinité imaginaire et bornée dans sa puissance; chez

(1) J.-G. FARCY: *Reliquiae*, Epitre à Lamartine.

les Grecs personnifications pour les initiés des actifs agents de la nature (1); ne présentaient rien, ne pouvaient intérieurement rien inspirer de semblable, aux solennités des nôtres. Il ne s'y pratiquait que des actions de grâce, des solennités religieuses généralement votives, qui y étaient célébrées avec une ferveur portée à l'énivrement, celui de l'imagination et des sens; par ce qui appartenait aux hommes des temps passés, de départir aux plus grandes pompes. Ou encore par les voies de la terreur, les sanctuaires de ces temples, fréquemment obscurs, « ne re- » cevant de jour que par la porte » (2), avaient pour objets des conjurations, où leurs prêtres « rugissaient en criant de-

(1) Voyez le *Jupiter*, et le *Vulcain*, de **M.** Emeric-David, membre de l'Académie des Inscriptions et Belles-Lettres.

(2) Winckelmann; Remarques sur l'Architecture des Anciens, in-8. p. 61. Paris, 1783.

» vant leurs dieux, comme aux festins
» des morts » (1).

Païens surpassés conséquemment par leurs successeurs, au matériel comme au moral, de toute la distance qu'il y a du fini à l'infini : sonde, qui le voudra! les profondeurs de cet abîme. Les hommes, par trop injustes et fréquemment si mal-avisés, sont en outre trop perfidement capricieux, pour que, assez fermes, s'il se pouvait, des reins et de la tête, nous en ayons jamais la volonté.

(1) Baruch ; ch. vi, v. 31.

## III.

De nouveau attentifs au style architectural de nos Temples gothiques, à édifices
ramassés et robustes, à immenses maté-
riaux, sans compter ce qui est sous terre;
dans leurs intérieurs, nous voyons les colonnettes démesurément allongées des piliers, piliers aux contours onduleux, colonnettes de toutes parts correspondantes,
et dissimulant l'énormité des premiers;

lesquelles, après les disjonctions élevées
de leurs faisceaux, manifestes simulacres
d'unions fraternelles, réitérés et parlants,
convergent comme les rameaux de tiges
en concurrence de bons offices, mais hautement, vers des centres en reliefs, fréquemment ouvragés; centres pour lors à
pendentifs à jour.

Pendentifs en formes de cul-de-lampes,
ciselés et délicats, ambitieux d'arrêter les
regards; eux ou simples centres, ayant
des liaisons longitudinales en relief, qui
ajoutent à la subordination des parties,
et à l'effet de l'ensemble dominant toutes
choses, et à prédominence élevée au sanctuaire. Pareillement les fidèles, engagés
dans les voies réservées ou divergentes du
monde, s'acheminent plus ou moins directement vers les fins de notre passagère
existence.

Tout conserve donc encore l'heureuse
expression des fins que l'on s'est propo-
sées : des spécialités harmoniques, sous
l'arbitrage d'une sérieuse portée de ce

qu'il peut y avoir en nous de haute intelligence, révèlent ici par leurs hardiesses symboliques un art éminent, méconnu dès-lors que l'on perd de vue la
nature et l'exercice de son principe géné-
rateur. La tenue des persévérants et pro-
ductifs efforts est ici manifeste ; celle de
toutes les pensées la plus haute, celle
suprême enfin du génie est là, où ses
traces ne sont nulle part.

Que ne doit-il pas en sembler à un esprit non rebelle ? Que ne doit-il pas en
venir à l'âme ? chez tous ceux qui sont
parvenus à la maintenir en liberté d'exercice de ses attributions, dont les fantas-
magories sociales conjurent l'asservisse-
ment ou la perte, obtenant assistance des
appétits de la chair et des passions.

Le général des œuvres décoratives des
voûtes de ces Temples, rappelle sensiblement à l'intérieur, l'entre-croisement ami-
cal des branchages des coupoles de verdure de nos forêts, et les graves effets de
leurs ombres. En nombre des parties, in-

térieurement et extérieurement, la re--
cherche ambitieuse des produits délicats
et transparents du touffu des hauts feuillages, et menus rameaux, est également
admirable (1); mélancolique d'expression
subordonnée.

Ainsi que les hardiesses architecturales
non-pareilles, de l'ensemble et des spécialités de certains de ces édifices aux co-
lossales apparences, proportionnées à leurs
importances, et aux exigences des locali-
tés. Telles que les hauteurs des cintres
ogives, des voûtes (2), et des flèches en

(1) « Les forêts ont été les premiers temples de la Divi-
» nité, et les hommes ont pris dans les forêts la première
» idée de l'architecture. Cet art a donc dû varier selon les
» climats. — Les forêts des Gaules ont passé à leur tour
» dans les temples de nos pères, et nos bois de chênes ont
» ainsi maintenu leur origine sacrée... »

CHATEAUBRIANT; *Génie du Christianisme,* 3ᵉ partie, ch. 8.

(2) *Eude de Montreuil,* architecte de Saint-Louis, venait
de rebâtir l'église de Notre-Dame de Mantes; « lorsqu'il fut
» sorti de cet accès de fièvre qui tourmente le génie il re-
» garda avec inquiétude ce qu'il avait osé faire et crai-
» gnit d'assister au décintrement. Mais rien de ce qui avait

pierres ; la délicatesse de nombreux et
même intimes accessoires, des découpures
à jours ; la perfection des immenses vitraux, subdivisés par le travail patient de
la pierre au besoin contournée en tous sens,
de celle de leurs verrières admirables ;
coloriées et parlantes ; dont l'art a mérité
d'honorables souvenirs, et a éveillé l'émulation de modernes artistes.

Pierres assouplies et artistement déliées
en rayons subdivisant les cercles démesu-
rés de certains des vitraux ; formant des
rosaces magnifiques, intérieurement dé-
corées par des subdivisions concentriques
et élégantes, ou par une rosace centrale
miniature de la première ; et même une
série de pareilles en guirlande, à proxi-

» été si noblement élevé ne retomba sur la terre ; on dirait
» que cette architecture sublime se tient par l'effet d'une
» aspiration naturelle vers le ciel ; on dirait encore que les
» fumées de l'encens suspendent dans les airs ces dômes
» admirables dont les appuis disparaissent dans la vapeur
» sacrée. »

DE MARCHANGY: *Tristan le voyageur*, t. 3, ch. 45.

mité de la circonférence agréablement dentelée.

Toutes beautés caractéristiques, d'un genre apprêté et scrupuleux, où les emblêmes et les représentations allégoriques abondent; où tout est en saillie et pour ainsi dire en action; en aspiration universelle vers le général auteur de toutes les existences. Parées de délicates et opulentes broderies, dentelles ou réseaux festonnés; notamment dans ces Jubés monumentaux et intérieurs, tel que celui de l'église de Saint-Pierre-du-Mont, qui est une des raretés de la Capitale. Jubés présentement sans office, dans le cérémonial dégénéré de notre temps; dont le rit arménien a conservé, au milieu des infidèles, la haute et antique attribution.

Point toujours rassemblées, plusieurs accaparées à ce qui semble, ou dotations de certains de ces Temples, encore remarquables par le décoratif des parties latérales extérieures; par leurs clochers ou tours, de toutes les conformations, dont

il en est d'une édification ambitieuse ,
d'une témérité audacieuse d'élancement
dans les airs ; expressions subordonnées
d'une poésie suprème, de laquelle procèdent toutes les autres , celles mêmes bà-
tardes et énervantes, n'ayant plus rien
que d'humain et méconnaissant son origine ; toutes beautés à peine définissables,
au général comme au particulier ; et dont
la parfaite entente décèle , un système
d'architecture accompli dans sa maîtresse
pensée, ainsi que dans ses moyens d'exercice ou d'exécution (1).

Sans antécédens , et point destinées
probablement à subir des rivalités ultérieures ; le genre et les spécialités de ces
perfections, pour lesquelles la légèreté et
l'ignorance ont eu ou ont encore des dé-
dains, commencent à éveiller de stériles

(1) « L'architecture gothique, riche en beautés origina-
» les et fortement coordonnées, avait fait suspecter la per-
» fection absolue de l'architecture antique. »
ALFRED MICHIELS; *Etudes sur l'Allemagne,* t. 2, p. 486.

regrets ; tant le torrent des opinions est changeant, ou dévaste le passé, dont celui des siècles impose les œuvres ! (1)

« Les yeux en les voyant saisiraient mieux la chose. » (2)

Toutefois que l'on possédera intimement le pur et haut esprit des tendances évangéliques ; lesquelles visent au sein de Dieu lui-même, où en cette vie elles ont pour objet d'exercice, de préparer les fidèles à s'y réunir un jour, dans l'énivrement de leurs cœurs ! Autrement il n'y a plus lieu à prétendre, à l'interprétation

---

(1) « L'architecture gothique n'a qu'un effet, mais il est
» grand. sombre, majestueux et terrible ; au lieu que l'ar-
» chitecture grecque produit toutes les nuances du beau,
» depuis l'élégant jusqu'au sublime. »
> Baron MASSIAS; *Théorie du Beau et du Sublime,*
> p. 347 et 8.
Que le lecteur prise la portée de ce jugement, sans perdre de vue, les fins, l'importance des effets, les convenances des subordinations.
(2) BOILEAU; *Art poétique.* chant 3e.

des emblêmes qu'elles ont inspirés, au sens de leur incontestable concours; ne trouvant plus en nous, nulle disposition soit du sentiment soit de l'intelligence pour les concevoir; et, peut-être, que rebelles répugnances! entretenues par l'extériorité de toutes choses.

Visiter en outre ces églises gothiques, rendues intérieurement même si belles par l'unique et sévère ordonnance de leurs parties, par le pur et tout spécial travail de la pierre; et non par les recherches de la peinture et surtout de la dorure, comme on le fait présentement dans certains des Temples de la Capitale, éclairés à l'avenant par les clartés du jour comme la Salle des séances de la législature du pays, la Madeleine exceptée; dorure destinée sans nul doute à distraire ou à faire valoir des dispositions accessoires et parasites d'architecture ou de décor, autant qu'à captiver par une somptuosité aussi vaine que mondaine; les visiter, nous ne disons pas avec amour, mais, ce qui est le pire, avec

un esprit de critique et sans bienveillance; accorder, sans préalable application pour les comprendre, une attention
malveillante aux œuvres de la pensée et
de l'imagination des hommes pleins de
foi d'une autre époque, ou même d'une
autre contrée, c'est méconnaître les ré-
serves du génie et celles du talent; destinées à grandir en renommée dans la
suite équitable des âges.

Ainsi agir, c'est être dans les dispositions les plus défavorables pour interpréter les productions de nos devanciers,
pour en obtenir le sens et en retrouver la
valeur. Prétendre les juger d'après les
manières de voir présentes, si faiblement
assises ; les assujétir à des modes nouveaux
de considérations sur les principes qui les
ont inspirés, hostiles par le fait ou con-
testables par le fond, c'est à la partialité
faire recours; c'est être bien peu sage! ce
que l'on est pour ainsi dire en tout, et
avec persévérance.

Nous en sommes plus que jamais là présentement; étant de mode d'étouffer, de restreindre le déploiement d'exercice de notre faculté d'aimer; de borner l'efficacité de cette plus haute attribution de notre nature, faute de laquelle il y a déchéance, pour ne pas dire dégradation, dont ceux que le courant entraîne tirent vanité; comme si moins abaissés pour nous, les cieux étaient plus accessibles à nos pères.

L'équité coûte des sacrifices, en notre siècle de plus générale cupidité ils répugnent à chacun. Il ne reste donc qu'à faire abus de sa raison, ce qui dans le sujet qui nous occupe, étouffant les révélations du sens intime, conduit à une évaluation comparative toute matérielle des parties, laquelle, par le détournement de leurs emblématiques concours d'expressions, conduit à la matérialisation de l'ensemble; sensible outrage fait aux suprêmes instincts de notre nature. Foulant ainsi un passé, parce qu'il semble n'avoir plus rien à démêler avec la fortune, de cette dernière on cultive les hasardeuses faveurs, sans recours en cas de préjudices; sans cautions pour l'avenir.

Mais on sert de la sorte, quoiqu'indirectement, la pente abusive des intérêts cupides, et celle de ceux matériels si exclusivement en faveur de nos jours; moyen assuré de trouver de l'écho, et déplorable de préparer les voies d'un bon accueil.

Pour ne rien omettre d'essentiel, nous ajouterons que dans les profanes trivialités de la sculpture des parties extérieures, déplaisantes à la pruderie de nos jours, bien qu'avec des pensées chastes il n'est même rien d'indécent; nous voyons les perversités ricanantes de bas étage, l'avortement des sarcasmes des contempteurs de tous les temps, leurs mignardises malicieuses et ignorantes, noyées et comme abîmées dans l'immensité des parties symboliques du décor; exposées aux mépris de tous ceux, plus clairvoyans et de cœur animés, qui se sentent protégés et forts contre les suppôts de dépravation, et contre ceux de l'enfer, ne se scandalisant pas mesquinement comme tant d'autres, n'ayant religion qu'en la tête, ou brocanteurs de piété : « Car la religion est le » vrai champ de l'hypocrisie. » (1)

Faisant cette courte excursion dans le domaine des plus accomplis de nos anciens Temples, dont le passé est pour tous un éminent titre à la gloire ; après nous être permis quelques rapprochemens, que l'on daignera peut-être nous pardonner, lesquels nous ont amené à un pacifique et équitable rafraîchissement de souvenirs, sur des perfections dues au mâle et scolastique génie, à la grande ferveur religieuse de nos aïeux ; il nous est réservé d'avouer que ces perfections d'une haute notabilité sont relatives, bien que parfaites dans leur genre, sensiblement variées suivant les pays ; qu'elles laissent sans doute à regretter quelque progrès, ou mieux encore quelque perfection dans

_______

(1) Pierre CHARRON; *Épitre.*

l'art du statuaire, hardi et expressif mais en retard en ce qui est du fini, présentement si recherché; fini que l'immense prodigalité des sujets sculptés ne comportait pas ici.

Que d'autre part, œuvres patientes de nombre d'années, de plusieurs règnes, de libéralités sans lésines; ces monumens, auxquels il appartient de ne point rappeler ceux occupés par les grands eux-mêmes de la Terre, étaient d'un coûteux immense, auquel, vu la générale extension des besoins, il n'est pour ainsi dire plus permis de songer de nos jours; raison de plus pour aviser à leur conservation.

A cette conservation est intéressé le véritable esprit religieux, vu tout ce qu'a d'accompli l'expression de la fervente tendance au sein de Dieu même, manifestée concurremment par toutes les parties du matériel décoratif intérieur, et plus encore peut-être extérieur des temples gothiques. Tout y a été en eux subordonné, et si habilement qu'une fois parvenu à sa précise compréhension, l'infini de la pensée régulatrice s'empare de toutes nos suprêmes aptitudes, au point de laisser pour ainsi dire en oubli les puissans efforts de l'artiste.

Nous pensons qu'il en est autrement de la contemplation des Temples païens, grecs et romains ; desquels, après examen et admiration même que nous ne prétendons pas leur refuser, en définitive ce sera toujours sur le génie des temps ou des peuples, et des artistes que, par les vues particulières de l'esprit, de toute leur puissance nous resterons épris et que nous rendrons témoignage. Voie bien détournée sans doute, après tant d'efforts, que celle de rappeler l'homme à s'émerveiller des œuvres de son propre génie, pour l'acheminer vers les Cieux.

La quatrième partie de cette composition va être consacrée à justifier pleinement ces derniers aperçus, auxquels nous ne sommes arrivés qu'avec réflexion ; et à l'aide du temps, éprouvant toujours de grandes difficultés à se délivrer du joug des opinions dominantes.

# IV.


Disons-le pour nous résumer, il est par
ailleurs un suprême sens, une familière et
éminente empreinte d'animation , à l'esprit architectonique des apparences des
Temples gothiques , que l'on demanderait
vainement au style grec. Cette animation
dont l'exercice est toujours un bienfait,

est de toutes nos conceptions celle qui prospère avantageusement dans notre sein;
bien plus que celle des mouvemens des
corps célestes eux-mêmes, interprétables à
l'ingénuité patiente des hommes, tandis
que l'existence de la plus modeste herbe
des champs ne l'est pas. Elle est des attri-
buts divins en nous la plus puissante, par
suite la plus saisissable à laquelle nous
puissions tendre à parvenir; et à l'aide
d'une sérieuse et sainte élévation d'âme ,
en refléter quelque peu la splendeur sur
nos œuvres.

*« Vous m'avez comblé de joie, Seigneur, par
la vue de vos merveilles ; vous m'avez rempli
d'allégresse par la contemplation des ouvrages
de vos mains.*

*» Que vos œuvres sont magnifiques, ô mon
Dieu ! que vos pensées sont profondes !*

*» L'homme stupide les méconnaît, l'insensé ne
les comprend pas. »*

*Psaume* 91, *v.* 4, 5, 6.

Lorsque, par exemple, notre vue s'arrête sur la haute et noble stature de la tige d'un bel arbre, pour peu qu'étant de chair et d'os on se soit senti vivre, on ne peut quelquefois se défendre de la préoccupation de l'activité vitale qu'elle récèle. Activité permanente et intérieure, cachée à nos regards, comme celle de notre corps, mise à l'abri de toute atteinte; comportant des fluides sécrétés et entretenus, en circulation des racines aux hauts feuillages; nécessaires à la conservation du merveilleux et souple édifice, au noble ou gracieux maintien, de la plénitude de la vie reflétant haut et bas les belles apparences; lequel, plongeant comme les nôtres ses fondemens au sein de la terre, s'élève hardiment d'un seul jet, à son faîte surmonté d'un dôme de verdure à spacieux rameaux, dont la charge considérable semble avoir pour lui de la légèreté.

De toute aspiration vers les Cieux, de cette activité intelligente et organique, de toute part significative et parlante, en général exercice sous différens modes suivant les fins de la création, dont son auteur poursuit les merveilles et les bienfaits! emblématiques d'une persévérante tension de pieuse ferveur, le temple gothique a conservé les diversités de formes, les expressifs symboles, les heureuses et délicates apparences, les variant libéralement au gré et à l'imitation de tout ce qui existe : outre que lui seul symbolisant les obligations de notre terrestre existence, il prend soin de nous rappeler de vivre en frères, et de nous acheminer vers les Cieux par les voies du monde, diversement départies à chacun de nous.

Le temple grec, aux superficies planes sur toutes ses faces, asservi à leur accord et à l'équerre, à des vues circonscrites ou exceptionnelles sur l'univers et sur toutes choses; lui ne l'a fait, et dans des vues de nationalité, que dans ses uniques statues aux attitudes académiques, ses rares cariatides, toutes solitairement réparties ;

et encore dans ses hautes limitations décoratives, frise, fronton, chapiteau de colonne, où, il est vrai, de l'art il semble
avoir épuisé les ressources. Tellement que
par impuissance, ou par les difficultés à
passer outre, le classique s'y est arrêté
avec respect, et s'est plu à y voir les li-
mites des conceptions de la pensée et du
goût ; dans cette partie du domaine des
applications de l'entendement humain.

Autre part, dans ce dernier, pierres sans
vie, sans symbolisme ; pierres sur pierres
équaries et silencieuses, exposées à l'usure
du temps ; figurant les longueurs et les
hauteurs prétentieuses d'imposans et graves édifices, dont les hardiesses bien plus
que les ordonnances et les symétries géométriques parlent à l'imagination, et n'inté-
ressent que l'esprit ; les destinations n'ayant
pour ainsi dire rien que d'arbitraire, et de
susceptible de changement ainsi qu'il en
est de tout ce qui passe ici-bas.

Et autres pierres arrondies, artistement
conformées en longueur, solitaires et en

saillie, assemblées en hauts supports, que les faix oppriment ; sans plus d'expression ou de langage que les premières, isolément considérées dans leurs ensembles. Auxquelles dernières, immobiles et comme frappées de mort, le sentiment stupéfait est en disposition de dire : COLONNES, pâles ou brunes, dérobées avec efforts aux entrailles de la Terre, de ceux qui ne sont plus prétendez vous nous entretenir, ou nous informer de ce qui est ravi aux clartés des cieux ? Ou, encore, qu'espérez-vous de nous ?

Solitaire, monumentale, la Colonne dit quelque chose de plus, en hauteur ou comme témoignage mémoratif ; et nous applaudissons à sa réponse à notre interpellation. Mais les beaux-arts, ceux qui les pratiquent, préoccupés de l'effet et de la renommée, ont trop souvent, pareillement à tous autres, oublié ce que nous sommes ; ils ont beaucoup trop enchéri par rivalité, et en vue de leur propre accueil.

En tout exercice de nos facultés, **fré-**
quemment écueils et abusives conséquences ; toujours influences préjudiciables
portées jusqu'à la faveur, par notre faiblesse et par notre paresseuse ignorance ;
à l'aide des hommes à spécialités, dont l'a-
veugle confiance et l'ambitieuse activité
ne s'imposent ni borne ni mesure ; fréquemment et non à tout jamais.

La Colonnade du Louvre, qui captive
légitimement l'attention, peut sans doute
éveiller l'émulation des artistes, faire en-
trer en exercice l'imagination ; mais,
échauffer les pentes suprèmes et profondes de notre nature, les rappeler à quelque participation d'exercice du beau absolu, plein de force et de vie, à harmoniques reflets sous la voûte des cieux ; jamais, à notre sens! toute recommandable que par ailleurs elle soit. Les élans
généreux, que l'on se plaît à confondre
avec les passions uniquement redevables
au sang et à la chair, plongent leurs racines dans les profondeurs de notre sein,

où les dernières puisent leur sève mesurée et puissante. Aux sens, au cerveau, l'imagination est essentiellement redevable; surpris, plus agités qu'émus par les hardiesses de la trame de ses œuvres, la conscience écoutée, le plus souvent nous restons de glace ; ceux de nous demeurés ou devenus êtres de raison.

Partie principale du décor des monuments grecs et romains, religieux ou autres, aux formes planes et à angles droits, conceptions primaires de l'art; dont les grandeurs et les spacieux portiques rappellent leurs destinations aux pompes sociales, celui des primitives hardiesses du génie et des combinaisons artistiques de la pensée ; *la colonne*, qui en est partie intégrante et inséparable, ne peut en outre se présenter sans nous préoccuper de son spécial et antique concours, dans le respectable genre d'architecture auquel des peuples ivres de gloire et de spectacles avaient élevé leurs conceptions ; bien qu'à l'intérieur de leurs anciens temples , la partie architecturale ait rarement répondu à celle de l'extérieur.

En quelque sorte type de ce genre, et premier essai du curviligne associé à son incontestable grandeur; elle ne peut éveiller en nous que de mondaines ou païennes réminiscences, dont le sévère et pur esprit chrétien repousse le contact, par éloignement pour toute tendance ayant pour unique fin de porter l'homme à se glorifier de ses œuvres ; vu les dangers des sensuelles dissipations, facilement accueillies par tout ce que notre nature a de fragile. Bonne à tel usage , par trop d'étendue de destination, par la vulgarité de son profane et moderne emploi, la colonne, sans autre expression que celui de support, devient isolément discordante comme partie décorative des temples chrétiens.

Aux temps de foi et de préoccupations pieuses, nos pères ont donc été conséquents en ne recourant pour le monumental et les accessoires décoratifs de leurs temples, à l'extérieur comme à l'intérieur où spécialement en eux la main d'œuvre est également immense, qu'aux seules et fécondes inspirations de leur ferveur, interprétée par l'idée prédominante d'une création subordonnée de toutes choses, en manifestations générales d'animations et de concours ; par celle d'une déchéance, puis d'une réhabilitation après épreuves et acquisition de mérites, dans l'exercice de la vie. Leurs descendants le seraient encore, conséquents, si, faute d'inventions qui leur seraient méritoires et personnelles, ils bornaient aux seuls édifices civils le recours au style grec architectural pour leurs monuments ; avec ses colonnes sans rénovation accessoire de forme ou de présentation, de destination ou de mode sévère d'emploi.

## V.

La vénérable ancienneté de toutes choses à l'intérieur des Églises gothiques, y
compris pourtour, piliers et colonnettes
en faisceaux, voûtes et arceaux en sail-
lies, décoratifs des parties et de l'ensemble, brunis par le hâle et la poussière des
temps ; étalant avec honneur une pau-
vreté, fruit d'un long pèlerinage à travers
les siècles, devant se prolonger par-delà,

lequel ajoute à la puissance des senti-
ments personnels, à celle des souvenirs rehaussés par ceux inséparables de
l'origine et des fins du culte ; le vénérable , haut et bas des parties et des
emblêmes, pénètre avant dans notre
sein; il s'en empare, et en absorbe l'activité.

Nous laissant contemplatifs et point en
repos, intéressant en nous diverses voies
pouvant éveiller des clartés inattendues;
ces souvenirs incessamment évoqués par
les attouchements de nos sens, par ceux mêmes encore de nos pas sur les emplacements
de pierres tumulaires, de notre sentiment
et des aptitudes de notre esprit prolon-
gent les successifs errements ; ne pouvant
être fixés que par la prière , ou par la
participation au service religieux. Et des
jours où nous sommes tout ici est accu-
sateur, ou en impose pour tous la durée;
beaucoup plus sans doute que pourrait le
faire du nouveau en ce genre.

Nous dérobant aux déplaisirs ainsi

qu'aux préjudices des tourbillons orga-
nisateurs ou ruineux, dont les vapeurs
fréquemment embrasées ou délétères,
enivrantes pour quelques-uns, troublent
les pauvres cervelles ; n'y ayant rien ici
pour les yeux, ou pour nos sens, propre
à distraire des fins du culte, à l'imagination et au cœur, de ceux-mêmes qui à l'a-
venture en visitent et en interrogent les
parties, le silence même et les ombres ;
tout, à harmonieux reflets de grandeur et
d'une sévérité qui a ses humaines condescendances, tient persévéramment le même
et suprême langage, qu'aux visiteurs et
aux fidèles des temps passés : celui dont,
en l'homme une fois recueilli , les voix
personnelles et intérieures semblent éminemment appelées à formuler l'expression ; et à interpréter les avertissemens
d'avenir ! L'avertissement même venant
du délabrement de ces sanctuaires délais-
sés, ou mesquinement entretenus, a sa significative précision , qui est fort peu exigeante.

D'ici à ce que, toute majesté des souvenirs, toute généralité sur les moyens et
les fins du beau, sur les formes mysté-
rieuses qu'il est susceptible de revêtir,
soient perdues pour notre entendement;
d'ici à ce que, en intimidant ou en trom-
pant les faibles, on soit parvenu à leur
donner à croire, que Religion et Dieu s'en
vont! une vénération légitime sera due
aux Temples édifiés par nos aïeux; dont
le souvenir aura sa part de gloire, aux
temps mêmes où il pourra arriver qu'ils
ne seront plus que des ruines.

Les sentimens religieux ne peuvent en
appeler qu'à ce qu'il y a de plus intime
dans les profondeurs de notre nature.
Toute autre voie est peu efficace pour les
éveiller et leur donner du ressort; pour
leur faire prendre racine. Et malheur à
ceux qui n'en sont pas susceptible! notre
humaine grandeur est perdue pour eux;
pareillement ce qu'il y a de plus intime,
de plus ravissant dans la poésie de l'existence; en nous et de toute part en exercice.

Notre puissance d'aimer en est l'arbitre ; elle a en nous sa mystérieuse retraite, point toujours accessible, que les bruissemens de l'activité du monde n'atteignent jamais médiatement, et que par contre-coup. Les sanctuaires religieux doivent en remplir pour tout notre être les offices ; il est de leur fait de nous dérober à toutes réminiscences des pompes, des scènes agitées de la vie, des dissipations du monde, et se trouver eux-mêmes, le plus retirés qu'il est possible, des rumeurs de la foule, des joies et des passe-temps, futiles ou scandaleux, de nos villes populeuses. Autrement, à bonne intention c'est tenter pour le plus grand nombre l'impossible : à mauvaise intention, c'est marcher directement à son but.

Dans les temps, si éloignés du nôtre, où les cathédrales gothiques ont été édifiées, elles se trouvèrent occuper, à dessein ou naturellement, les emplacemens les plus convenables à leurs destinations. A leurs hautes et spéciales perfections elles réu-

nissaient donc l'avantage de leur localité,
au sein et comme enlassées par les étrein-
tes d'amour des quartiers populeux. Présentement, devenues plus monumens d'art
qu'édifice religieux, on procède à le leur
enlever à elles-mêmes

C'est ainsi que Notre-Dame de Paris,
métropole actuelle de la France, dont la
nef ne se remplit plus qu'aux moments si
rares des pompes du siècle ; se trouve de
nos jours déblayée, à ce que l'on prétend,
de tout ce qui masquait ses perfections ;
mais, par suite, elle a moins de recueillement à l'intérieur, pour ne pas en dire da-
vantage. Pareillement le Temple nouveau
de la Madeleine, à l'extérieur païen très
prononcé ; païen qui a sensiblement fait
irruption dans son intérieur, en la com-
pagnie des mondaines somptuosités décoratives, et y portent préjudice à toutes
choses des fins du sévère esprit religieux
du christianisme.

Ici se termine ce qui nous a semblé à
propos de rapporter sur le Genre gothi-

que des anciens Temples. Si nous sommes parvenus à prouver que, dans ces vénérables édifices, tout est convenablement subordonné à l'expression du sentiment chrétien, à celui de sa jeune et puissante ferveur; nous aurons concouru à leur faire conserver le haut dégré d'estime qui leur est dû, et atteint le but que nous nous sommes proposé; puissions-nous l'avoir fait au gré du lecteur judicieux.

# De la Madeleine.

# APERÇUS

## SUR

# L'ÉGLISE DE LA MADELEINE.

*Heureux ceux qui n'ont point vu, et qui ont cru.* — Evangile selon SAINT JEAN, ch. XX, v. 29.

Puisque nous avons été conduit à parler de l'Église nouvellement ouverte de la Madeleine, il nous sera sans doute permis d'ajouter quelque chose à son sujet; d'être équitables, dans des vues d'*avenir* et non de critique; critique à laquelle nous ne serions pas en disposition d'accorder

une heure même de loisir, y ayant infi-
niment mieux à faire, pour peu qu'on ait
de capacité, d'observations et d'acquis. Ce
qui nous amènera à présenter notre idée
sur le mode décoratif intérieur, har-
monique avec les croyances chrétiennes,
dont une grande Capitale pourrait embel-
lir un Temple élevé ambitieusement au
vrai Dieu.

Celui de la Madeleine, en construction
à Paris depuis plus de quarante ans, en
premier lieu édification monumentale va-
niteusement destinée à la gloire, dont, suivant les lieux et les temps, on se définit
si mal la nature et les fins; après de graves perturbations sociales il est resté à
finir, en des jours où l'on fait effort pour
développer des tendances à un balancement régulier des grands ressorts de tout
ordre social; balancement compatible
avec de nouvelles allures, dont l'avenir,
autant que le présent, est la préoccupation et la nécessité. Tirer le parti le plus
avantageux de ce qui a été fait, ramener

l'édifice à une destination religieuse, est
la pénible tâche qui a été imposée.

Les habiles artistes auxquels le soin en
a été confié, ont incontestablement dé-
ployé aux parties principales et accessoires une puissance d'exécution qui mérite tous les éloges. Mais ils y ont eu intérieurement à surmonter un énorme genre
de difficulté, celui de dissimuler les grandes dimensions, en longueur et spécialement en hauteur, des plans et hauts murs
du quadrilatère de l'enceinte. Là, forcément sans doute, la conception architecturale et décorative à laquelle on a eu
recours pour l'intérieur, est sensiblement
vicieuse; surtout à droite et à gauche de
la nef, où par exemple elle figure deux
rangs superposés de spacieuses galeries,
à balustrades en marbre blanc; à corri-
dors extérieurs, avec leurs escaliers déro-
bés, pris dans les épaisseurs latérales
ajoutées à celles des murs d'enceinte;
avec issues intérieures et latéralement au
dehors.

En cette partie l'ordonnance semble rappeler les rangs de loges d'une salle de spectacles : en même temps que les caissons et [illegible], des trois coupoles de [illegible] éclatant d'or, y occupent [illegible] ans, lesquels réclamaient des [peintures] symboliques ; dernières qui auraient acheminé aux peintures du [illegible] composition qui [illegible] haut cintre, et semble manquer de [illegible] grandeur à notre sens, sous le spécieux rapport qu'il y a là trop de parties [illegible] les [illegible] centrales circulairement [illegible] spacieuses coupoles, qu'on doit regretter de ne pas être pourvues de glaces aux teintes d'azur, épancheant [illegible] une convenable clarté dans l'intérieur de l'édifice, où tout est [illegible] du poil des [illegible].

Cette ordonnance a essentiellement nui à [illegible] maux, par [illegible] le recours au Sacrement de la pénitence. Elle a conduit à ménager trop peu d'emplacement à chacune des chapelles latérales, sinon et pour ainsi dire uniquement en hauteur ; chapelles latérales au nombre de trois à droite et à gauche, sensiblement en arrière de l'alignement des quatre grandes colonnes de leur côté, et intermédiairement à leurs emplacemens ; disposition surmontée des deux rangs de galeries, la première si abaissée que le fait était sans exemple dans une église, à notre connaissance, et point sans inconvénient pour placement du public ; la seconde appuyée sur des colonnes de moyenne grandeur, peut être de ressource à l'occasion (1). Le tout confinant par la partie postérieure de la nef au sanctuaire ; et par sa partie antérieure, voisine du portail, à gauche au magnifique établissement des fonts baptismaux, et à droite à une disposition décorative

(1) Nous craignons bien , qu'en des temps de troubles , ces dispositions rendent le Temple éminemment propre à une autre destination!

analogue consacrée à la mémoration du mariage de la Vierge.

Elle a conduit à reculer l'emplacement du maître-autel dans un chœur peu spacieux, ou plus positivement sans convenable profondeur. Maître-autel à l'effet suprême duquel porte préjudice la colonnade subalterne en saillie au mur du rond point; ainsi que les peintures murales, sur champ d'or, correspondantes aux entre-deux des colonnes; circuit de colonnes supportant une galerie, là unique et à même hauteur que la seconde de la nef, mais moins spacieuse.

L'architecture à laquelle on en a ici appelé, pour dissimuler le nu intérieur des immenses et planes superficies des murs d'enceinte, figurant avec le parallélogramme de la base un immense parallélipipède, cette architecture en a usé sans se préoccuper assez de l'esprit des croyances, du fait de leurs réverbérations sur toutes choses, et des fins du culte chrétien. Ce n'est point ici le lieu d'en

entretenir, et il ne peut être de notre fait
de nous en charger ; bien que dans l'ensemble de nos études, sous le rapport
même philosophique, nous ayons pris
soin de nous en instruire plus particulièrement, et de les méditer à loisir. Mais,
ce peut être le lieu de rapporter ce qui
suit, dont nous avons eu la claire vision,
ou senti toute la gravité : « Si la religion
» chrétienne n'est qu'un système philoso-
» phique, avouons qu'il est beau. Quel
» accord ! quelle harmonie entre ses par-
» ties ! c'est un tout admirablement lié :
» *Respondent extrama primis, media utrius-*
» *que, omnia omnibus.* Si c'est une fiction,
» on doit excuser ceux qui s'y attachent :
» elle imite la vérité de si près, qu'il est
» facile de s'y méprendre. Agréable illu-
» sion ! que j'aime à m'y livrer ! Mais que
» dis-je ? le christianisme n'est point un
» songe philosophique, une production in-
» génieuse de quelque spéculateur, mais
» l'ouvrage de Dieu même. Ce ne sont
» point des philosophes qui l'ont proposé

» aux peuples; mais des ignorans, selon
» le monde, qui l'ont persuadé aux phi-
» losophes. » (1)

L'appel à la piété par les immenses
moyens apanages somptueux des arts, pré-
sentera toujours un écueil vers lequel on
s'est peut-être forcément laissé entraîner,
dans l'ordonnance et la décoration intérieure du Temple de la Madeleine, dont
la destination primitive devait être tout
autre; entraîner par les influences des
idées du jour, dont les suggestions seraient
propres à tout pervertir. Il nous en coûte
de dire notre sentiment, on est incontestablement allé un peu loin; trop loin en
colonnes subalternes et en dorures, haut
et bas en panneaux rectangulaires avec
lambris, tous en granit ou en marbre; à
l'abside en peinture, dans la représentation d'un éminent personnage ( Napo-
léon) (2). Il y a du remède sous ce der-

(1) § XLII, Pensées théologiques, par le R. P. Jamin;
publiées en 1769.

(2) Là, occupant en avant le milieu du premier plan, il

nier rapport ; mais il n'y en a pas en ce
qui est des insolites œuvres de l'architecture, auxquels on a fait d'amples conces-
sions ; les huit colonnes grandioses et en
saillie de la nef exceptées, quatre de chaque côté, dont il a été tiré ce nous semble un mince parti.

Les fûts de ces huit monumentales colonnes sont d'un blanc de lait ; chapiteaux
et corniches en sont splendidement dorés.
Les innombrables et pareilles dorures de
tout l'édifice portent également sur un
fond de même blancheur ; l'effet en est
général et très beau. Puisque nous avons
parlé des panneaux et de leurs lambrissages
en marbre, particulièrement répartis au
pourtour des hauteurs de l'édifice , pour
en déguiser le nu et le spacieux supérieur
des murs ; il nous semble encore raison-

a supérieurement la Sainte-Vierge, puis Jésus-Christ; tous
trois , à la vue , personnages les plus apparens. Tous les
autres, à religieux et politiques souvenirs , sont répartis en
cintre à droite et à gauche, et comme en ascension vers le
Rédempteur.

nable de relever l'effet peu en harmonie avec tout le reste, de ceux occupant les hauteurs de l'hémicycle, inférieurement aux peintures de l'abside ; et supérieurement à la colonnade du rond-point, surmontée d'une galerie circulaire faisant suite à la seconde galerie de la nef ; galerie latérale pareillement supportée par de semblables et moyennes colonnes, en nombre et rentrantes sur l'alignement des grandes et fondamentales de l'intérieur de l'édifice. Il nous semble que la vaste composition de l'abside aurait pu occuper l'emplacement de ces hautes incrustations en marbre, et trouver là plus raisonnablement son ambitieux emploi ; elle-même suppléée par une peinture représentant un sujet d'une expression éminemment céleste, et sans pour ainsi dire de réminiscence des scènes abaissées de la Terre.

C'est assez sur ce beau et grave monument, destiné à faire honneur à la législature qui en a accepté les frais, et au Sou-

verain qui en a fait poursuivre l'achèvement ; lequel n'est pas terminé, et promet
un plus grand concours de perfections
appropriées à celles déjà existantes. Monument d'une remarquable magnificence,
au tracé intérieur presque entièrement
rectiligne , sans croisillon ni bas - côtés
comme les simples chapelles et non Église
paroissiale ; dont les formes classiques extérieures sont d'un grandiose fort remarquable, à Paris même. Et sans nous arrêter au préjudice que porte à sa destination religieuse, la mondanité bruyante et
splendide , à l'occasion turbulente , qui
l'assiège de toute part dans la localité de
son emplacement ; passons à l'exposition
de l'idée qui s'est offerte à nous , après
avoir visité et nous être résumés sur le décoratif intérieur de la Madeleine.

Dans nos aperçus sur ce décoratif moderne , nous n'avons pas perdu de vue
l'expression figurative du sentiment chrétien ; laquelle recevra dans la partie suivante, en ce qui est de son principe même,

le complet développement de ce qu'il nous a été réservé d'en entrevoir, ou d'en transmettre ici. Si par notre application sur ce sujet, nous parvenons à le présenter dans un jour convenable, notre œuvre sera peut-être de quelque avantage au principe religieux ; dernier en manifeste discrédit parmi nous, bien que d'une utilité nonpareille même dans les déplaisirs cuisants, dans les tourmenteuses perplexités des agitations de l'existence, se multipliant toujours plus et d'une effrayante sorte ; dans la progression téméraire présente de toutes choses, de ce qui est de l'activité de notre nature.

# Idée subséquente.

# EXPOSITION

## D'UNE

# IDÉE SUBSÉQUENTE.



## I.

Nous avons suffisamment développé notre opinion sur le genre gothique, pour n'avoir pas à y revenir au sujet de ce qui va suivre.

Dans ce genre on découvre, il est vrai, des manifestations de détail, des emblèmes ou des formes qui tiennent aux mœurs, à la contrée, et à la nouveauté des notions sur les harmoniques mais divergens aspects de la croyance; quelque chose de particulier, d'accidentel, près de nous ou au loin varié, en alliance parfaite aux modulations de l'ensemble, qui ajoute à sa somptuosité; mais qui, dans des vues chrétiennes aussi absolues mais plus générales, pourrait être en partie suppléée, ou recevoir à l'aide d'une convenable économie un ultérieur emploi. En même temps que, moins sous le joug de sombres impressions de terreur sur le fait de l'avenir, il est peut-être encore possible d'obtenir un effet sévère et grand, pour expression de la ferveur religieuse dans le pur esprit du christianisme. Tant, comme Dieu-même, il est imposant, progressif dans son assistance et ses bienfaits, intelligent et soucieux des besoins de la faiblesse humaine, l'appelant à graviter sans cesse vers ses hauteurs, d'ici à la consommation des siècles; marchant aussi lui-même, sollicitant l'humanité à s'avancer aux splendeurs de son phare. (1)

Si, par quelque raison que ce soit, on peut être déterminé à renoncer au général des formes parlantes du genre gothique, pour le décoratif intérieur par exemple; voici notre sentiment, qui n'a sans doute d'autre valeur que celle de rappeler au principe de la chose, dont on s'est successivement plus ou moins écarté; en cas d'innovation toujours dangereuse, mais parfois à propos et pratiquée avec discernement; laissant à l'exécution à proportionner son emploi, et à des vues conséquentes à régler subordonnément l'extérieur, y ayant possibilité.

Ne pouvant prétendre à faire rétrograder les sourdes et éminentes tendances; dans une capitale, telle que Paris moderne, pour l'extérieur de l'édifice nous accorderions au besoin des formes monu-

(1) Sur ce qui vient d'être rapporté en dernier lieu, méditez le chapitre XIX des *Avertissemens de Vincent de Lerins*; « livre tout d'or » suivant Bossuet; Lettre à Leibnitz, du 30 janvier 1700.

mentales mitigées, et pour ainsi dire ci-
viles ; mais avec la plus grande sobriété
d'expressions, et un reflet de gravité spéciale et sur-humaine en harmonie avec
sa destination religieuse. Réservant de développer ultérieurement aux yeux, avec
la plus féconde et haute portée de conception, l'éloquent symbolisme rayonnant
de toute part, de ce qui est essentiellement propre aux croyances chrétiennes,
et éminemment de son fait dans la généralité de ses belles et grandes harmonies :
commencement et fin de toutes choses,
gouvernés dans les temps et l'espace par
la trinité du caractère du vrai Dieu ; dont
la providence pourvoit au maintien de ce
qui est et doit persévérer, subordonnément à l'évolution entière de l'humanité.

Intérieurement, tout dans un tel édifice
devrait matériellement entretenir ou éminemment informer du fondateur du culte,
du Père céleste dont il procède et auquel
il se rapporte ; sans séparation l'un de

l'autre. Livre parlant à tous les yeux, à tous les cœurs, il doit offrir aux fidèles un mémoratif enseignement accessible à tous les esprits; avec cette chaleur d'expression qui est rarement du fait de la parole écrite ou orale, l'œil étant le plus actif et le plus éloquent de tous nos sens; être livre ouvert et intelligible, aux ignorants comme aux doctes.

Est-on toujours parti du complet de ce principe? a-t-il toujours été présent, à l'esprit même de ceux qui ont ordonné ou exécuté l'édification d'une Église chrétienne à prétentieuse apparence; lorsque toutes les facultés nécessaires à y pourvoir ont été à la disposition des ordonnateurs? il y a lieu à ce qui semble de ne pas l'accorder.

La préoccupation des actes du Rédempteur et de ceux qui ont le plus approché de la sainteté de sa vie terrestre, est ce qui ressort constamment du recours aux beaux-arts, en ce temps et au dernier siècle; et pour ainsi dire rien de ce qui est des œuvres de la création, dont les merveilles se perpétuent de siècle en siècle, et par lesquelles le Créateur se décèle plus éminemment au sens intime, et à une intelligence appliquée.

Ce n'est pas, sans doute, dans le décoratif intérieur de la Madeleine qu'on s'est avisé d'en rafraîchir le souvenir. A intérieur fondamentalement spacieux de tous sens, avec un peu de bonne volonté il aurait de plus été possible d'y obtenir une nef avec bas-côtés et croisillon (1); dont la vue aurait contrasté avec les formes grecques de l'extérieur, et produit un effet unique très remarquable. Effet saisissant aux regards, ainsi qu'à la pensée, du visiteur surpris; et du fidèle, dont pour lors le Temple aurait rappelé la présentation ; tous deux au monde par l'extérieur, mais intérieurement, par le cœur ou par les

(1) Bas-côtés pouvant être éclairés par des lentilles de cristal, à encadrement figurant des auréoles aux têtes des Saints des pourtours extérieurs, leurs niches supérieurement agrandies en cintre et non carrément arrêtées.

profondeurs du sein , non seulement aimant, mais encore religieux! Ainsi, à peu
près, Dieu ne se découvre au sentiment
humain, par les yeux du corps, que sous
les apparences de la création.

Il y a plus : au lieu de se tenir en
garde contre tout incompatible recours
aux moyens de l'art, on a rejeté dans le
passé les formes décoratives tradition-
nelles et consacrées, dont le permanent
emploi, à l'avenir à l'abri de toute pres-
cription, semble avoir reçu de l'esprit
chrétien et du temps une consécration
inviolable. Au lieu d'accepter franche-
ment les difficultés de l'exécution, entraî-
né par les errements du siècle on a fait
du nouveau ; on a fait de ce qui a la
chance de l'accueil du moment, de ce qui
ambitieux et vain est progressivement dé-
bordé, de ce qui est suppléé et passe de
mode ; de l'ingénieux enfin , qui pourra
avoir sa durée pour certains spectateurs,
dont au premier abord on est captivé et
saisi ; saisissement qui nous porte, à notre

insu, à l'admiration ! Mais, avec le retour
du sentiment, avec le réveil de l'inspira-
tion religieuse, l'ingénieux des dispositions fondamentales, les beautés décoratives rendues sensibles et flatteuses, perd
le premier de sa valeur, et les dernières
perdent de leur à propos ; puis le naturel,
la naïveté d'expression, s'enfuient et s'enfuient sans retour.

## II.

Préalablement à tout ultérieur exposé,
il convient de rappeler que l'esprit chrétien repose sur des antécédents, dont le
premier de tous, *la création*, n'obtient com-
munément de la foi qu'une attention oi-
sive ou inintelligente; quoique les produits de ses merveilles, en poursuite

d'exercice, nous sollicitent incessamment de toute part, et nous entretiennent du Dieu créateur, fin suprême du culte dont Jésus-Christ, la seconde et divine personne de sa trinité, est le fondateur; dernier que c'est en quelque sorte méconnaître, auquel c'est manquer sous un rapport, que de restreindre les spécialités de la ferveur, de la localiser pour ainsi dire paresseusement en ce qui est des actes de sa mission réparatrice sur la Terre. En cette voie, qui peut avoir ses écarts ou ses écueils, les besoins des pieuses applications ont imperceptiblement ou plus ou moins pris assiette, proportionnellement à la portée du sens moral en exercice chez les fidèles. A ce premier pas on est peut-être redevable de délaissements progressifs dans les masses, pouvant avoir des suites dont l'avenir peut être tourmenté; suites qui semblent le menacer de leurs coupables anticipations.

Dans cette vue de conscience, dans l'espérance de légitimer encore plus, s'il se

pouvait que cela serait devenu entièrement nécessaire, ou plutôt de donner plus
de valeur à ce qui va suivre; nous croyons
ne pouvoir mieux faire, que de rapporter
le sérieux enseignement donné dans un
livre que n'a point atteint l'oubli. Cet enseignement délaissé par l'esprit, ne peut
manquer d'être négligé dans les spéculations de la pratique, ainsi qu'il nous
semble qu'il est arrivé. Présentons-le, tel
qu'il a été précisé par un Révérend Père
de l'Oratoire, il y a plus d'un siècle.

« Une attention religieuse sur les œuvres
» de Dieu et sur ses perfections infinies,
» dont ils sont la preuve, n'est point con-
» traire à la religion : elle en est, au
» contraire, ou le fondement ou une suite
» nécessaire. Ce n'est point un autre Dieu
» qui a créé le monde, et un autre qui l'a
» réparé. C'est la même sagesse qui a ins-
» piré à l'homme un souffle de vie, et
» qui s'est unie à sa nature pour le ressus-
» citer. Les promesses, les bienfaits, les
» mystères de la religion chrétienne, ont

» leurs racines dans la première origine
» du monde, ou toutes choses tendent à
» Jésus-Christ, et le figurent. Les nouvel-
» les grâces sont des suites des anciennes,
» et l'on connaît peu le Rédempteur si le
» Créateur est oublié. » (1) Même doctrine
légitime pour l'instruction privée du chrétien, devrait être obligatoire dans l'exécution pratique de l'édifice religieux, dès
lors que nos arts sont appelés à la décoration d'un Temple monumental.

Comme il n'est rien de rectiligne dans
les superficies des œuvres de la création,
que des tendances en hauteur, ascension-
nelles vers les cieux ; que la Terre, l'ho-

(1) Le même rapporte : « Je conviens qu'une philosophie
» téméraire ou simplement curieuse n'est point une
» science utile. Mais ces défauts sont étrangers à une
» connaissance salutaire; et d'ailleurs, on n'est pas plus
» humble pour être ignorant. J'ajoute qu'on n'est pas plus
» appliqué aux devoirs essentiels, pour avoir négligé d'en
» apprendre les raisons, et qu'on s'expose à manquer de
» foi, ou à l'avoir toujours faible, quand on a pris aucun
» soin de l'affermir. »

*L'ouvrage des six jours*, expliqué par Duguet, § XXXI.

rizon du spectateur, celui des mers, la vue des mondes et des cieux, sont ronds ; que dans l'immensité tout converge vers un centre unique, ardent foyer de toutes les puissances comme de toutes les durables aptitudes ; en premier lieu, il y aurait ainsi convenance à ce que dès une certaine hauteur, des flexions puis des courbures se prononcent, puis se développent, se marient et s'emparent de tout ce qui surmonte et domine. De sorte que, si dans les bas, pour s'accommoder aux productions familières de l'équerre et de la règle, on use des tracés les plus dociles et les moins tardifs des humaines constructions ; tout des hauts doit faire appel aux expédients d'une géométrie supérieure, refléter une plus haute portée de tendance, déceler une extension d'intelligence en rapport à de plus hautes conceptions du sentiment ; proportionnellement à un effort moins asservi à de terrestres dépendances, plus hardiment en exercice au gré d'une ardente et plus libre activité de l'âme.

Concurremment aux sculptures et peintures emblématiques persévéremment en usage, avec limitation sévère des actes religieux et trop souvent politiques des puissants de la Terre ; nous désirerions que, par des œuvres de même nature, celles de la création soient à mesure et proportionnellement rendues sensibles aux yeux, et viennent pareillement s'emparer de nous par leurs splendides reflets. Qu'à partir du pavé du Temple ; toutes les parties se prononcent ; qu'il en ressorte quelque chose, pour ensuite se produire plus sensiblement en hauteur, à la convenance de la fin que l'on se propose, avec discrétion ou mesure dans ce recours aux divers modes de la création ; subordonnément aux constructions nécessaires à l'élévation de tout édifice de mains d'homme, elles-mêmes imposées dans leurs figurations pour concourir à l'effet général couronnement de l'œuvre.

Rendu au faîte des hauteurs latérales de l'édifice, irrévocable limite de toute

dorure, que le tout soit surmonté d'une
voûte ou de dômes, éclairés latéralement,
tous inférieurement de la couleur du ciel,
retraçant avec sobriété quelques-unes de
ses merveilles; et préalablement, souvenir
du Paradis terrestre dont les délices ne sont
plus d'ici-bas. Pour de là en venir, à la partie élevée surmontant le maître-autel, dernier devant être en principal et toujours
très apparent dans un sanctuaire religieux;
en venir, disons-nous, à la représentation
aérienne, vaporeuse ou faible en couleur de
quelque scène Providentielle dont on connaît l'enseignement, d'Anges ou même de
Séraphins; au centre unique, d'où rayon-
nerait dans une convenable splendeur de
lumière leurs activités, une Gloire ainsi
que l'a exécutée Rubens; avec le Saint
Esprit planant sur le triangle symbolique
de la Trinité, le tout en abîme (1).

(1) Toute conception de Dieu même comportant celle de
l'infini par excellence, n'est intégralement qu'à la portée
perceptive de l'intelligence humaine; et non sa représen-

Une plus sensible ou matérielle représentation de la majesté divine, serait in-
convenante et impropre. A l'âme du fidèle appartient de préjuger le reste ; et
encore dans la plus grande imperfection,
quant à sa splendeur, sa puissance, son
amour ; à elle de pressentir dans toute
l'humilité de la plus grande ferveur sa
sainteté incomparable. Et, ainsi que le
dit un ancien chanoine théologal de Con-
dom : « C'est une sérieuse, cordiale, hum-
» ble et silentieuse estimation, admira-
» tion, adoration, qui naist d'vne saincte
» eleuation d'âme ; par laquelle nostre
» esprit apres auoir guindé et monté de
» toute sa force son imagination à la con-
» ception de la plus haute, plus grande
» et parfaite bonté, puissance, sagesse,
» majesté, perfection qu'il peut ; puis re-

tation figurative ou plastique, dont les arts devraient s'in-
terdire l'abusif simulacre. Il n'en est pas de même de Jésus-Christ, représentable par la forme humaine de sa vie
terrestre.

» cognoissant que tout cela n'est encores
» rien, et que toutesfois il ne peut aller
» plus auant, ny monter plus haut (car
» c'est un abysme sans fin, sans fonds, et
» sans bord), il demeure comme en ex-
» tase, tout estonné, tout transi : cette fa-
» çon fait tarir les discours et la parole
» en la bouche, saisit toute l'ame, la rem-
» plit et l'inuestit d'vne tres grande reue-
» rence, respect, adoration, amour, deuo-
» tion enuers c'este infinité de perfections,
» dont elle demeure toute prise, percluse,
» ou bien eslance et esclate des exclama-
» tions : ô estre des estres! ô cause eter-
» nelle! ô mer, abysme, infinité de biens!
» comme faisoit vn grand contemplatif
» qui les yeux fichez au Ciel, le cœur
» rauy en Dieu, s'escrioit par plusieurs
» fois reïterées, ô Dieu! ô Dieu ! » (1)

Pour commentaire de la fin de l'avant
dernier paragraphe, et faire sentir que là
est l'importance de toutes corrélations ti-

(1) Pierre CHARRON; *Discours chrétiens.*

nales, de toutes les dispositions préalables et décoratives dans le Temple ; nous dirons que la supérieure correspondance de la symbolique et mémorative représentation de Dieu, avec le crucifix et le tabernacle du maître autel, abaissés et dominés par elle, vient pour ainsi dire figurer aux yeux, ce qui est dans l'âme de tout fidèle ; le report spirituel de la prière et du saint sacrifice avec les personnes au domicile suprême de la Sainte Trinité, et les grâces qui en procèdent et en descendent. Chaîne d'or ou mystique et à l'invisible tracé, dont, au pied de l'autel, de toute leur ferveur, et de toutes les parties où se trouvent placés les fidèles ici rassemblés, des élans de leurs cœurs ils ambitionnent de ressaisir le parcours ascendant et descendant ; liens de la terre et des cieux ! « Le monde spirituel, tout resplendissant des » emblèmes de l'éternelle union, n'est » que l'auréole du Christ, résidant au mi- » lieu des hommes pour les rassasier de » vérité et d'amour : de sorte que cette

» foi puissante à la présence humaine de
» la Divinité n'ébranle notre frêle nature
» que pour la consoler et l'affermir. Elle
» l'exalte avec la même force dont elle
» pourrait l'accabler, et lui imprime, si
» j'ose le dire, de toute la pression qu'elle
» exerce sur elle, un mouvement d'ascen
» sion vers ce monde supérieur, où, dans
» le sein de la présence divine sans voile,
» l'intelligence et l'amour se dilateront
» sans effort » (1)

C'est ainsi que tout doit ici trouver son entière subordination, sa complète et suprême concordance ou harmonie; sans provocation de nulle part et d'aucune sorte, à toute distraction.

Pour servir ces dispositions favorables à la piété, il est de plus à propos qu'il ne soit dispensé à l'intérieur que ce dégré mesuré de la splendeur du jour, dont la solennité invite au recueillement, lequel seconde l'efficacité des préoccupations sé-

______

(1) L'abbé Ph. Gerbet, *Considérations sur le dogme gé-nérateur de la piété catholique,* p. 99, 2e édition.

rieuses ; que le cœur préfère dans sa tris-
tesse et ses joies intimes, plus encore dans
ses délaissements ou abandons ; dans les
anxiétés de son exil sur la Terre !

Chez celui qui a le sentiment de l'infini
par excellence en son cœur, il y a tendance d'exercice dans la plénitude du reflet divin ; à celui qui en est privé, par dissipation ou impuissance, le sentiment religieux ne peut que faiblement s'élever à
sa hauteur, et qu'à l'aide de l'individuel
ou du sensible, du particulier au défaut
du général. Dans la représentation il y a
sans doute nécessité de complaire aux
facultés des individus, à celles de ceux de
la dernière catégorie qui est celle du
plus grand nombre. Il est pareillement
convenable de viser à élever leurs aptitudes ou leur nature, de leur faciliter une
plus haute compréhension du véritable et
pur esprit religieux ; de complaire en outre aux besoins de ceux qui joignent à
l'activité du dernier une chaste et noble
ardeur ; lesquels, par l'effet de leur puis-

sance attractive, peuvent solliciter et sensiblement aider l'impuissance des précédents; eux-mêmes pouvant, faute d'assistance, se rapetisser encore plus au gré des contempteurs.

Le nu, le dénûment, serait après tout préférable à notre sens, à un décor prétentieux ou mondain. L'immensité, domaine de Dieu, est sans image dans notre pensée; et sans autre reflet que celui vague et mystique de l'infini, à plus ou moins vive expansion dans notre âme; à plus ou moins de netteté de représentation dans notre esprit, lui-même en toute liberté ou sérénité d'exercice. Infini encore en ce qui est de l'essence divine; mais infini en puissance, puissance illimitée et à triplicité d'aspect, pour lors interprété par l'intelligence haute et belle, calme et recueillie, de l'homme de bien.

Tendre, enfin, à préparer l'humble créature, au sens prodigieux du culte, à l'oubli de tout ce qui lui est étranger, doit être ici l'objet unique des moyens prati-

7

ques de l'art. Dans un temple chrétien, concourir à nous prédisposer à n'avoir plus d'ni ation de corps et d'âme qu'en vue du souverain arbitre de toutes choses, doit être la fin à laquelle doit nous acheminer tous les apprêts décoratifs du saint lieu. Que le but avoué et unique soit donc ici, de mettre en relief le principe chrétien ; que l'ambition de l'artiste s'efface dans l'exécution ; qu'il n'y ait tendance qu'à bonne et recueillie intention, et qu'il ne soit pas fait de l'art pour l'art. Que tout enfin fléchisse devant la resplendissance à produire de la suprême majesté du lieu. Un autre objet en vue ne pourrait être que profane et abusif.

Puisse le Temple ainsi conçu, son intérieur ainsi approprié qu'il a été dit, être digne d'une solennelle consécration ; puis mériter l'application de ces paroles divines : *C'est là que sera mon nom.* Les Rois, livre III, ch. 8, v. 29.

III.

« Toute la vie humaine se compose de
» petites actions qui accomplissent de
» grands devoirs. L'homme travaille sur
» la même matière que l'animal, mais
» pour en faire sortir une œuvre divine.
» Renfermés dans la poussière du labora-
» toire terrestre, nous exécutons la copie

» de Dieu avec notre argile ; nous faisons,
» si j'ose le dire, le plâtre de l'éternelle
» beauté. — Tout acte spirituel doit, d'a-
» près les lois mêmes de notre nature,
» revêtir une forme sensible, et cette
» réalisation extérieure termine l'action
» humaine proprement dite, c'est-à-dire
» l'action de tout l'homme » (1). — Il nous
semble voir dans ce que nous venons de
rapporter l'enseignement de l'esprit de
conduite, dont suprêmement on ne doit
pas se départir ; toutefois que l'on aura
pour objet de parler aux yeux, dans un
Temple toujours consacré à l'excitation de
la ferveur religieuse, ou à la servir au
centre de la chrétienneté. Agir autrement
décèlerait des directions incompatibles,
ou encore des condescendances à des
vues privées et mondaines, qui ne peuvent
être que repoussées dans les intérêts du
culte, et devenir plus tard sujet de répro-
bations.

(1) L'abbé Ph. Gerbet ; *Considérations sur le dogme gé-
nérateur de la piété catholique,* 2ᵉ édition, p. 112 et 23.

Ce qui a reçu une consécration civile impose généralement l'obligation à ce qui est religieux de se pourvoir ailleurs, ou de se refuser à son trop spécial emploi. L'humilité étant une des plus excellentes vertus chrétiennes, devrait de tous sens avoir ici sa consécration; disons-le donc, toute fastueuse et provoquante glorification ne devrait point trouver ici accès; nos places, nos monuments et édifices civils, offrent suffisamment de ressource pour les mémorations des actes, toujours de politique empreints, des puissants de la Terre (1). Ne pas accorder à chaque chose sa livrée, c'est vouloir en dénaturer le caractère et en fausser la destination; caractère et destination, à l'intégrité et à l'inviolabilité desquels, avec un peu de rec-

(1) Ce peut être le lieu de remarquer qu'à S. M. le Roi des Français, sous les auspices duquel a été achevée la Madeleine, n'a été consacrée que la plus modeste des mentions; l'année de son règne sur un piédestal de la vaste composition de l'abside, avec le nom du peintre, lors de l'achèvement de son œuvre.

titude de sens et bonne intention, on sub-
viendrait facilement ; ayant été, dès le
principe de toutes choses, pourvu à toutes les éventualités d'ici-bas.

Rendus où nous en sommes, tout est dit
sur l'idée dont nous avons annoncé l'exposition, et sur les développements que sa
présentation pouvait exiger.

Toutefois, dans ce siècle aux tendances
exclusives, si manifestement matérielles
et novatrices; nous en appelerons enfin aux
éloquentes paroles du plus illustre inter-
prète de la sagesse antique, né dans le
sein du sensuel paganisme ; comme plus
générale et suprème manifestation de ce
qu'il y a d'intimement départi aux profondeurs du sentiment humain, et sa planche
de salut dans les anxiétés du naufrage de
toutes traditions. « Le vrai chemin de l'a-
» mour, qu'on l'ait trouvé soi-même ou
» qu'on y soit guidé par un autre, c'est de
» commencer par les beautés d'ici-bas, et
» les yeux attachés sur la beauté suprê-
» me, de s'y élever sans cesse en passant

» pour ainsi dire partout les dégrés de
» l'échelle. — Ce qui peut donner du prix
» à cette vie, c'est le spectacle de la beau-
» té éternelle. — Je le demande, quelle
» ne serait pas la destinée d'un mortel à
» qui il serait donné de contempler le
» beau sans mélange, dans sa pureté et
» simplicité, non plus revêtu de chairs et
» de couleurs humaines, et de tous ces
» vains agréments condamnés à périr, à
» qui il serait donné de voir face à face,
» sous sa forme unique, la beauté divine !
» Penses-tu qu'il eût à se plaindre de son
» partage celui qui, dirigeant ses regards
» sur un tel objet, s'attacherait à sa con-
» templation et à son commerce ? Et n'est-
» ce pas seulement en contemplant la
» beauté éternelle avec le seul organe par
» lequel elle soit visible, qu'il pourra y
» enfanter et y produire, non des images
» de vertu, parce que ce n'est pas à des
» images qu'il s'attache, mais des vertus
» réelles et vraies, parce que c'est la vé-
» rité seule qu'il aime ? Or c'est à celui qui

» enfante la véritable vertu et qui la nour-
» rit, qu'il appartient d'être chéri de
» Dieu. » (1)

Ce que la sagesse païenne a cherché dans la beauté, dans ses voies fleuries mais glissantes; plus ascentionnel, chaste et littéral en ce qui est de toutes les natures, le christianisme l'a trouvé et avec une incomparable perfection dans l'*amour!*

Ce dernier a été départi à l'aurore des naissantes existences, à l'excellence des natures, pour en féconder l'activité et en rendre les produits dignes de faire retour à l'auteur de toutes choses. Par suite de l'impulsion d'une intervention ulté-rieure, spéciale et toute divine, le chris-tianisme en le régénérant lui a communi-qué une activité nouvelle et plus sûre, qui l'a appelé à devenir un fleuve inépui-sable et plus réparateur de vie. Fleuve aux ondes plaintives et aux affluents in-nombrables, aux épanchements salutaires

(1) PLATON, *le Banquet:* traduction de Victor Cousin.

se dépouillant de toutes parties impures et envahissantes dans leurs cours ; ondes ne parvenant que vives et plus fortifiantes à ceux qui s'en abreuvent avec confiance.

Après avoir fertilisé de toute part, aussi loin qu'influence puisse s'étendre, appelant parfois l'activité humaine, son pur esprit, à des sur-excitations généreuses, à des manifestations puissantes qui décèlent de supérieures et passagères émancipations, ou plus positivement encore sa divine origine; productives en fruits point toujours moissonnés avec reconnaissance, elles arrivent enfin délicieuses, au sein de celui qui en est, dans l'espace et la durée des temps, le réservoir insondable ; et de l'abondance, de la pureté ainsi que de la salubrité, l'éternel dispensateur. Aussi, ne pouvant se trouver qu'en lui la sainteté absolue, immuable par essence, absolument belle et heureuse de sa nature, est-il excellemment appelé l'Éternel ! Suprême et unique beauté, suprêmement digne d'amour! Beauté, Amour, que, de toute la puissance de notre vie terrestre, de la première nous ne pouvons atteindre l'intelligence ; et au second, que très imparfaitement subvenir.

De ce qui vient d'être dit, il ressort un dernier et suprême enseignement, qui est : — Dans l'esprit du christianisme on ne doit recourir, pour les monuments religieux, à la variété, à l'élégance, à la beauté des formes, qu'autant que l'expression du pur et suprême amour en procède, est rendue quelque peu apparente, ou peut rigoureusement les requérir. Lui écarté, son expression négligée, la fin ne pourrait plus être que sensuelle, ou à portée sensiblement païenne.

*O Dieu ! j'ai bâti cette maison afin qu'elle soit votre demeure , et que votre trône y soit affermi pour jamais.*

*Que le Seigneur notre Dieu soit avec nous comme il a été avec nos pères , ne nous abandonnant point et ne nous rejetant point.*

Les Rois, *Livre 3 , ch. 8, v. 13, 57.*

*Alors le Seigneur parla à Salomon, disant :*

*J'ai vu la maison que tu bâtis; si tu marches dans mes préceptes , si tu gardes mes lois , et que tu observes tous mes commandements , sans t'en détourner, je confirmerai pour toi la parole que j'ai dite à David ton père.*

*J'habiterai au milieu des enfants d'Israël , et je n'abandonnerai point mon peuple.*

Les Rois, *Livre 3, chap. 6, v. 11, 12, 13,*
*( Traduction de Genoude. )*

Rendus à la fin des considérations que nous avons été conduits à présenter dans le cours de cet ouvrage, il nous paraît convenable de faire part de dernières, ressortant de toutes les autres et les enlas sant; dominant notre sujet, celui de la représentation, parlant aux yeux, des manisfestations du sentiment chrétien ; dernières considérations qui ont à ce qu'il nous semble leurs importances, leur à propos au temps d'examen et de critique où nous vivons.

Les croyances s'en vont ! Pour qui subit le joug de leur bannissement, l'intime, le charme du privé de l'existence, la nature, perdent le plus exquis de leur gracieux ; tous leurs enchantements ! Ne plus croire, comme l'animal, passionné et sociable bien entendu, n'ayant qu'applaudissement pour la journée naissante, que sommeil dans l'attente du lendemain, et pour ce qui ne lui appartient pas de la durée ; ne plus croire, qu'à ce qui se touche, se palpe, ou se saisit par tout ce que le corps a de sens ; telle est à peu près la tendance. Il s'en est trouvé, et au xviiie siècle dont le xixe est le nouveau-né, doctes suivant le monde, qui n'y voyaient que des apparences ; apparence même, dans ce qui résiste ! En nos jours de lumières, aurions-nous à redouter des

éblouissemens ou des vertiges ; aurions-
nous donc à craindre l'obscurité ? La négation pour tout produit de l'intelligence,
qui n'a pas la matière pour médiat objet !
ou encore son égoïste utilité.

La foi a perdu de sa puissance ; elle
n'éclaire plus que faiblement, à ce qui
semble, ceux-mêmes appelés à la repro-
duction de ses extérieurs et figuratifs emblêmes. Les lumières, l'équité et la raison,
doivent venir en aide à la faiblesse actuelle du sentiment religieux, ne serait-
ce que par gratitude pour ses bienfaits ;
à l'avantage général, particulièrement à
celui de tous ceux qui en ont perdu les
clartés, ou qui, impuissants à y recourir,
ne méconnaissent point encore les avan-
tages de son assistance.

La nécessité de son exercice est plus
que jamais sentie, et peut-être d'urgence ;
ne serait-ce que pour venir en aide,
comme le pilote pendant la tourmente ;
pour pondérer les multiples aspects de la
présente activité humaine, pour en régu-

lariser l'émancipation et les développemens; pour, par la vertu d'un de ses
modes d'action, opposer le seul frein qui
puisse en ménager les ressorts, et en proportionner les produits; pour en écono-
miser la durée et en prévenir les subver-
sifs écarts, préjudiciables aux individus
comme à leurs associations.

Sans contre-poids ou sans régulateur,
l'activité désordonnée des plus excellentes
machines ne peut amener que mécompte,
et que leur détérioration. Affaiblissement
et tortueux exercice de l'énergie morale,
est pourtant ce que nous n'avons pas
manqué de voir, en ce qui est humain;
comme si de toute part, il y avait perversion ou désordre autour de nous; près ou
loin, flagrante hostilité, tendance hostile
ou incertitude d'assiette, ou encore d'al-
lure; nous retenant soucieux ou nous
blessant.

Appelé à combattre le desséchant égoïsme, qui a certainement eu ses exhorbitans
ainsi que ses privés et sacriléges antécé-

dents, mais passant présentement du particulier au général; qui menace toujour plus de ses énervantes influences, de ses dégradations, les individus et les sociétés; appelé à combattre les usurpations irritantes des modernes et matérielles tendances, celles presque générales de l'extension abusive des intérêts matériels; ce frein est celui de l'AMOUR, excellemment interprété, produisant entre les individus une mutuelle bienveillance, recours et non oppressive influence sur ceux d'une autre nature; et des individus à l'Auteur de toutes choses un retour d'appel et de gratitude; lequel oblige ici-bas à des tempéraments qui portent médiatement des fruits, dont tout retire avantage.

Incarné dans notre nature, demandant à se produire, souvent rétribué par la souffrance, inappréciable une fois éclipsé ou méconnu; il en seconde le normal développement, il en sollicite les nobles et généreuses apparences, sans lui impuissantes à naître; dès lors qu'il a son plein

et mesuré exercice, qu'il n'est pas exclusivement tenu en activité, et qu'à plus
forte raison il n'en est pas fait abus. Abus
qui, à beaucoup près, n'a pas manqué
d'arriver; en oubli ou dans l'ignorance
la plus complète de notre destination,
pendant la durée de notre pélerinage sur
la Terre; ou, au défaut d'une libre dé-
termination, la contrainte a réprimé le
libre arbitre. A quoi ne sommes-nous pas
exposés et asservis ici-bas!

A chacune des parties de son œuvre, à
leurs moyens d'action, l'ordonnateur souverain de toutes choses a départi une juste
mesure; une réciprocité de subordination, d'activité, facultative d'exercice sur
l'extérieur, chez les êtres instinctifs et
essentiellement chez ceux raisonnables;
toute puissante chez les plus favorablement doués, au point de produire l'éton-
nement, ou de donner lieu à de trompeuses présomptions. Le trop d'exclusion, le
trop de recours à l'une ou à l'autre de
nos aptitudes physiques et plus encore

morales, préjudiciel à notre intégrale existence, en dénature l'exercice et les apparences. Tous les écarts permanents de l'activité humaine ne peuvent être que contravention : à outre-passer en bien ou en mal est trop souvent du fait de l'humanité, de sa fragilité ou de sa faiblesse; toutefois qu'elle s'abandonne, et que des freins elle repousse les sujétions, ou en dédaigne les avertissements.

Il en est de même de nos acquisitions : « Malheur à la connaissance stérile qui » ne tourne pas à aimer, et se trahit elle- » même » (1). Sous ce rapport, là est l'immuable règle de notre nature; laquelle ne peut trouver de bonheur, atteindre toutes les fins de sa destinée, que dans un accomplissement de devoirs; dans l'union de la connaissance et de l'amour, en vue des œuvres et de l'essence de celui à qui on est redevable de tout; duquel on

(1) Bossuet; *Introduction à la Philosophie*, ch. 4, § 10.

ne peut approcher que dans les sentiers de la paix et de la vertu : aimant Dieu en toutes choses de la création ; et toutes choses en lui !

Le chaste et suprême amour, apte à sentir, ce qui vaut mieux que de comprendre, ne s'épanouit sur la Terre que pour prendre de là sa volée vers les cieux. Une des activités du principe essentiel qui nous anime, ou une de ses apparences, susceptible d'acquisition d'aptitudes, de développement d'exercices ; il nous porte à des élans de gratitude envers Dieu, qui se traduisent en actions de grâce privées, ou publiques dans l'exercice du culte ; actions de grâce dont lui-même ne peut vouloir l'égoïste ou absolu retour, lui qui vit, par l'émanation des âmes, dans toutes ses créatures.

Tout en éveillant notre intérêt pour ce qui sollicite notre attention ou s'offre à nos regards, intérêt soulevant une sensibilité qui a ses douces émotions, profitable toutefois que de sa part il n'y a pas surprise et envahissement ; dans la pratique de la vie, en vue de nos semblables, il développe en nous le sentiment de la *reconnaissance*, qui semble participer aux douceurs de notre suprême gratitude ; et, avec lui, régir, sans rivalité, tous les actes de notre civile participation à l'existence d'un homme de bien. Le lecteur appréciera ce résumé consciencieux, de notre application et de notre expérience.

En celui assez heureusement pourvu pour l'efficacité de ces grands ressorts d'une honnête et heureuse existence, il y a, ne serait-ce qu'à son insu, un vif et actif reflet du christianisme, qui ne peut être que tout amour ; lequel ne trouve son pur et intégral soutien que dans les croyances chrétiennes, et ne le trouve qu'en elles. Croyances conformées à notre intime nature, que l'enseignement actuel de la philosophie ne tend pas à faire connaître ; dont elles sont les régulateurs toutefois que tout y est bien ordonné. Ce qui précède, sur la beauté suivant Platon, sur l'amour selon le Christianisme, doit l'avoir mis en lumière; si, aussi bien inspirés qu'intentionnés , nous avons convenablement rendu ce qui en est à notre connaissance.

Tendre à séparer l'humanité du christianisme, ayant produit des œuvres humanitaires, merveilleuses en efficacité et en durée, dont toute autre croyance a été impuissante à la découverte même du mobile auquel elles sont dues; prétendre en suppléer les voies et les efficaces condescendances , c'est donc vouloir la frustrer de ce qui est du ressort de sa nature, de ce qui lui est essentiellement approprié; qui ne peut être écarté sans préjudice palpable, et sans péril pour l'ultérieur de sa destinée.

Sourdement ou persévéramment battu en brèche, le Christianisme, ferme sur ses fondements, résiste à sa destruction contre laquelle l'avenir proteste. C'est pourtant l'œuvre en instance , où tendent les uns par leurs actives poursuites ; dans le calme de leur conscience , dans celui de leur présomptueux égoïsme ; dans l'application d'un savoir supérieur, ou d'un talent recommandable, l'un et l'autre prétentieux : mais à spécialités d'exercice , ne pouvant conséquemment tout embrasser. D'autres, dans l'enivrement de leurs haineuses espérances , et dans celui de leurs partiales antipathies ; encouragées par le silence injuste, aux apparences réprobatrices, des faibles et des indifférents.

Le tout pour arriver à du nouveau dont on a l'aveuglement ou la faiblesse d'être amateur : duquel, au risque d'aventure et peut-être d'incalculables déceptions , l'usurpation aurait pour résultat un ordre de chose hasardeux ; et pour quelques-uns un éclat qui a ses séductions, se réfléchissant sur eux-mêmes. Gloire d'ici-bas, immortalité, dont certaines des capacités puissantes sont à tout prix ambitieuses, que vous faites de mal! chez les Peuples et les Grands. Ainsi que les trompeuses acclamations de la foule; laquelle, dans tous les temps, a été fréquemment ingrate pour ses véritables bienfaiteurs; peu mesurée ou inconstante, et plus ou moins privée de calme et de bon sens; et non de force prête à écraser qui ne complaît pas à ses caprices ou à ses vues, à ses ambitions ou convoitises; celles-mêmes du moment.

Lorsque, dans le cours de l'année, les élémens n'ont pas leurs activités propres, toutes leurs efficacités; que, incertains d'exercice, leurs principes ne circulent pas régulièrement, ne pourvoyent pas avec libéralité à la prospérité de toutes choses sur la Terre; c'est qu'alors il y a désaccord, perturbation d'influence, énergie aux abois en ce qui les concerne; que, état passager de crise plus ou moins aiguë, du mauvais temps, une tourmente, un orage, parviennent enfin à réfréner et à confondre; tout en régularisant les influences, en réprimant tout abus, toute usurpation; mais après annonces, hautes ru-

meurs et détonnations; premières et dernières précurseurs du nouveau et prospère
avenir. Ainsi il en était de l'humanité au
temps de la naissance du christianisme;
ce dernier apparaissant, non à la manière
dont s'opèrent dans les éléments les crises
salutaires, mais obscurément comme tout
ce qui est destiné à prendre racine dans
les cœurs; à y prospérer à l'écart de toute
extérieure influence.

Venu après les mémorables beaux jours
de la Grèce, aux plus éclatants de ceux
de la domination et de la prospérité de
l'Empire romain; au plus fort des perversités du Polythéisme, des abus de toutes
sortes, de la corruption des principes mo-
raux, de la dépréciation de toutes les
croyances, sinon de celle à la force bru-
tale qui ne peut avoir qu'un temps de
durée, et jamais d'avenir. A lutter contre
les paroxysmes d'un tel et intime état de
déchéance, de celle même et menaçante
de la Synagogue; le génie humain serait
resté impuissant. Une signalée interven-

tion providentielle est venue à son aide ;
l'humanité a été sauvée, et ses prospérités
à venir assises sur un point d'appui iné-
branlable; sur un principe qui, en entrant
en exercice, n'a plus eu qu'à développer
ses conséquences. L'intelligence des cœurs
y a courageusement pourvu, au fort des
plus scandaleuses et des plus atroces persé-
cutions; souvent traversée par les inventions de l'esprit, par les ambitions privées,
par celles des hommes puissants. Plus
tard, par des exigences gouvernementales
constamment renaissantes, raisonnables
ou tyranniques.

Dans la partie consacrée à l'Église de
la Madeleine, nous avons de plus rapporté que la Religion chrétienne, que les
combinaisons de sa trame fondamentale,
sous le point de vue purement philosophique, était une œuvre admirable ; dont se
sont inspiré les chantres d'immortelles
épopées. C'est un de ces aspects qui est
capital, de sens et de raison , auquel les
doctes eux-mêmes ne semblent pas daigner

prendre garde , et accorder présentement convenable mention; pour ainsi dire généralement déshérité de toute attention, de tout souvenir ; lequel nécessite, pour être senti, des études générales et comparatives , quelque peu sérieuses et étendues; faites en toute liberté de conscience.

L'avantage est grand, pour ceux qui ont été à même d'en acquérir un aperçu convenable; et à l'aide de rapprochements de ce qui est des principaux systèmes philoso phiques, sur la destinée du genre humain. Naturellement , après des écarts et des lueurs qui ne parviennent jamais à satisfaire, et qui enfin fatiguent, répugnent ou nous rebutent; ils se sentent en premier lieu intimement amenés, à des dispositions favorables et clairvoyantes, puis à des sympathies plus intimes en faveur des hauts enseignements du christianisme; ou insensiblement ralliés à lui, après s'en être séparés par entraînement, ou dissipation : le grand et l'accompli satisfaisant seuls aux hautes tendances de notre nature. La régularité,

l'application et le temps viennent ensuite
en aide.

Il y a plus, il n'est que dans ses enseignements suprêmes, que l'homme d'études et suffisamment éclairé, peut trouver
un aperçu satisfaisant sur sa propre nature,
sur celle du principe divin qui l'anime;
sur l'essence même divine de son auteur,
celui de toute chose. Cet aperçu est for-
tifié par la réflexion, par l'étude des êtres,
par celle de tout ce qui respire; par la
comparaison, par le besoin enfin d'intelligence de ce qui nous entoure et nous concerne, de ce qui nous régente ou absolument nous réprime, dans l'immensité en
espace et en durée.

Cet aperçu, une fois acquis, tenu en
exercice et nous-mêmes nous tenant ap-
pliqués et en expérience, parvient à prendre en nous une assiette, un affermissement
auquel tout de l'observation semble devoir
toujours plus concourir; tel enfin, que, se
revêtant de tous les caractères pour nous
départi au vrai ou au positif, il passe dans

le domaine des choses admises, et devient principe incontestable; ayant toujours quelques reflets de vives splendeurs, pour nous éclairer dans le parcours de la vie intellectuelle et morale; au plus fort de ses cahotements.

Au plus fort, des délaissements privés fondés sur de hasardeuses présomptions, inconciliables avec les faits et trahies par une légèreté répréhensible; de la domination des envahissantes et successives utopies philosophiques, se présentant toujours avec hardiesse pour suppléer à ce qui existe; pour servir de moniteurs à l'humanité, de laquelle certains sapent par manque de plus de pénétration, par suffisance ou par perversion d'exercice de leurs facultés, les appuis naturels du bien-être de son existence. Bien-être, de sa nature relatif et à changeants aspects, aussi persévéramment absolu que tout ici-bas, dès lors que dans le calme de son exercice la conscience le perçoit et en reste satisfaite.

Agissant encore en haine de ce qui n'est qu'accessoire et réformable , on tend à la destruction des principes qui ont fait la force, autorisé ou prémuni nos pères sur les pentes glissantes de la durée ; et enfanté à la longue la liberté civile présentement maîtresse et plus contestée, mais ingrate et ricanante à qui lui a prêté appui et l'a secourue dans ses disgrâces. Principes qu'on n'a pas cherché à comprendre, ou dont en mesure ou en disposition convenable on n'a pas cherché le sens ; auxquels on a accordé qu'une attention dédaigneuse, n'ayant eu aucune part à leur manifestation, à leur développement d'exercice ; à tout le préalable de leur durée et de leurs bienfaits , dont on jouit même tout en se refusant à s'en apercevoir.

Prétendant les suppléer, par la pâture indigeste pour l'entendement et repoussée par le cœur, de conceptions humaines soumises aux intelligences appliquées et en distraction à celles oisives , sans crédit dans l'ordre civil toujours aux épreuves ; dues, les unes à des intelligences sérieuses et inquiètes de l'avenir, les autres à de modernes sceptiques ; mesurés ou entreprenants, mais incomparablement moins habiles ouvriers que ceux des premiers temps, et pour cause ! Conceptions vagues, sans fermeté de tenue et convenable portée, ne pouvant donner que des fruits amers dans la pratique ; que les flots de la durée engloutiront, et ne confieront le souvenir à la suite des âges, que pour apprendre combien on s'est plu à méconnaître ou à vouloir méconnaître notre nature ; à spéculer sur ses faiblesses. Et combien on a trouvé de facilité à raisonner et non à cultiver la raison ; ou encore à laisser flotter à l'aventure les rênes de l'imagination ; fougueux coursier sujet aux écarts !

Rendus au moment d'abandonner cet écrit au jugement du lecteur, et non à son approbation que nous n'espérons pas, ne pouvant prétendre la mériter, ou encore le trouver assez favorablement disposé pour nous entendre; recourant de nouveau à la haute parole de Bossuet, nous dirons : « Homme, puisque tu as un » cœur, il faut que tu aimes ; et selon que » tu aimeras, bien ou mal, tu seras heu- » reux ou malheureux » Sermon pour la Semaine de la Passion.

## RÉSUMÉ.

Il nous semble pouvoir résumer ainsi qu'il suit, tout ce qui a été précédemment soumis à l'attention du lecteur.

Dans la partie consacrée au genre gothique des anciens temples, nous avons présenté ce qui en ressort le plus ostensiblement, comme édifice religieux. Nous avons fait voir la parfaite harmonie qui règne entre les parties, extérieures et intérieures, et le principe ainsi que les tendances chrétiennes ; sans négliger le caractère et la pompe du culte. Le tout nous a permis de rappeler la pieuse ferveur, qui a présidé aux manifestations des unes et des autres, qui a sa raison dans le ferme esprit de la croyance ; ferveur dont le parfum gagne et enivre passagèrement ceux-mêmes qui en sont privés : dès lors que, de l'immensité et de son principe régulateur, l'ardeur du sentiment, germe de toutes les hautes portées, n'est pas entièrement étouffée dans notre sein.

Des rapprochemens successifs entre le monumental chrétien et celui du paganisme, entre leurs formes géométriques et intrinsèques, ont amené une observation qui nous paraît avoir sa valeur, qui est celle portant sur l'emploi de la colonne. Il appartient aux personnes plus éclairées que nous-mêmes, de se prononcer et de fixer l'opinion à ce sujet.

Nos remarques sur le mode architectural et décoratif usité dans l'intérieur de la
superbe église de la Madeleine, si récem-
ment ouverte au public, nous ont conduit, dans la partie suivante, à développ-
per notre idée sur celui, plus conforme à
l'esprit religieux, auquel on pourrait recourir à l'occasion. Nous n'avons pu le
faire, sans présenter de spécieux aperçus sur
le caractère intime des hautes croyances
chrétiennes ; non sans doute avec l'étendue désirable, et moins encore avec la
pleine justification qui leur sont dues ;
mais avec l'attention qu'il nous était permis de leur départir. Particulièrement
convaincus de ce que le pur amour,
par exemple, a par lui-même de portée et
d'excellence ; de puissant exercice haut
et bas en domination, auquel on ne peut
se refuser de condescendre, sauf rebellion
ou déchéance.

En même temps, il nous a été à propos
de réclamer, et autant que possible en
vue des idées de notre temps, en faveur

du suprême esprit philosophique des hautes
tendances du Christianisme, de leur étendue sur notre destinée ; et de manifester,
qu'humainement même et ainsi entendu,
il trouvait sa justification dans une connaissance sérieuse de notre propre nature, et par l'exercice d'une raison équitable et ferme. Raison toujours réduite
aux spéculations infructueuses, jamais satisfaite dans toute autre voie ; et moins
encore dans le scepticisme ou la négation
absolue.

Ne jamais être fixé, n'en prendre aucun
souci, peut accommoder pendant un temps ;
pendant celui du long avenir et des vastes
espérances de la jeunesse, passé lequel beaucoup plus encore la moralité peut en souf-
frir. Mais, plus que jamais la conscience s'en
lasse ; à tel point que sans croyances, la
vie pourrait bien n'apparaître qu'une négation ; qu'une moquerie, dont le pur génie humain ne peut qu'être révolté. Qu'un
dérisoir usufruit, où tout n'aurait plus
qu'une valeur passagère et contestable,

partant, peu digne d'estime ; accidentel, brutalisable à toute occasion ; vie désenchantée, en un mot.

Or, à ce dernier fait, enfin, tout se révolte de notre nature ; et tout de la brillante Nature, de ses particuliers et généraux aspects, gracieux ou sévères, mais toujours poétiques ; de l'enivrement passager, sans cesse renaissant, de ses intelligentes créatures, tout vient protester contre ; et accuser d'aveuglement ou de perversité, celle de toutes la plus splendidement dotée, des dons du génie et de la puissance.

En premier lieu le monumental, la ferveur et la poésie de l'exercice religieux ; en dernier, croyance et raison ; là est tout notre œuvre. S'il y a intelligence dans sa conduite, on fera grâce à son peu d'étendue ; ce que nous disons, vu qu'en ce temps on aime le volumineux. Si elle est de nature à produire quelque fruit, nous nous applaudirons de son entreprise, qui ne procède d'aucune préméditation ; et n'est après tout que progressifs et inopinés épanchements.

Primitivement, révélation ; ayant amené un épanchement longuement poursuivi, et laborieusement obtenu ; puis un second, qui a eu de la rapidité, mais encore sa fatigue.

Ranimer l'attention engourdie, sur le fond du sujet ici traité, est avant tout le but que nous nous sommes proposé d'atteindre.

FIN.

# TABLE.



FIN DE LA TABLE,